# ESTUPRO
## UMA ABORDAGEM JURÍDICO-FEMINISTA

NATÁLIA PETERSEN

*Prefácio*
Maria Auxiliadora Minahim

*Apresentação*
Sebástian Borges de Albuquerque Mello

# ESTUPRO
## UMA ABORDAGEM JURÍDICO-FEMINISTA

Belo Horizonte

2021

© 2021 Editora Fórum Ltda.

É proibida a reprodução total ou parcial desta obra, por qualquer meio eletrônico, inclusive por processos xerográficos, sem autorização expressa do Editor.

## Conselho Editorial

Adilson Abreu Dallari
Alécia Paolucci Nogueira Bicalho
Alexandre Coutinho Pagliarini
André Ramos Tavares
Carlos Ayres Britto
Carlos Mário da Silva Velloso
Cármen Lúcia Antunes Rocha
Cesar Augusto Guimarães Pereira
Clovis Beznos
Cristiana Fortini
Dinorá Adelaide Musetti Grotti
Diogo de Figueiredo Moreira Neto (*in memoriam*)
Egon Bockmann Moreira
Emerson Gabardo
Fabrício Motta
Fernando Rossi
Flávio Henrique Unes Pereira

Floriano de Azevedo Marques Neto
Gustavo Justino de Oliveira
Inês Virgínia Prado Soares
Jorge Ulisses Jacoby Fernandes
Juarez Freitas
Luciano Ferraz
Lúcio Delfino
Marcia Carla Pereira Ribeiro
Márcio Cammarosano
Marcos Ehrhardt Jr.
Maria Sylvia Zanella Di Pietro
Ney José de Freitas
Oswaldo Othon de Pontes Saraiva Filho
Paulo Modesto
Romeu Felipe Bacellar Filho
Sérgio Guerra
Walber de Moura Agra

Luís Cláudio Rodrigues Ferreira
Presidente e Editor

Coordenação editorial: Leonardo Eustáquio Siqueira Araújo
Aline Sobreira de Oliveira

Av. Afonso Pena, 2770 – 15º andar – Savassi – CEP 30130-012
Belo Horizonte – Minas Gerais – Tel.: (31) 2121.4900 / 2121.4949
www.editoraforum.com.br – editoraforum@editoraforum.com.br

Técnica. Empenho. Zelo. Esses foram alguns dos cuidados aplicados na edição desta obra. No entanto, podem ocorrer erros de impressão, digitação ou mesmo restar alguma dúvida conceitual. Caso se constate algo assim, solicitamos a gentileza de nos comunicar através do *e-mail* editorial@editoraforum.com.br para que possamos esclarecer, no que couber. A sua contribuição é muito importante para mantermos a excelência editorial. A Editora Fórum agradece a sua contribuição.

---

Dados Internacionais de Catalogação na Publicação (CIP) de acordo com a AACR2

| | |
|---|---|
| P484e | Petersen, Natália<br>Estupro: uma abordagem jurídico-feminista/ Natália Petersen.–<br>Belo Horizonte : Fórum, 2021.<br><br>162 p.; 14,5x21,5cm<br>ISBN: 978-65-5518-208-8<br><br>1. Direito Penal. 2. Direito Processual Penal. 3. Direito Penal. I. Título.<br><br>CDD 341.5<br>CDU 343 |

Elaborado por Daniela Lopes Duarte - CRB-6/3500

---

Informação bibliográfica deste livro, conforme a NBR 6023:2018 da Associação Brasileira de Normas Técnicas (ABNT):

PETERSEN, Natália. *Estupro:* uma abordagem jurídico-feminista. Belo Horizonte: Fórum, 2021. 162 p. ISBN 978-65-5518-208-8.

*À minha família: Rita, Chico, Lore, Zu, Mel e Jade.*

*Ao amor da minha vida, Alain.*

# AGRADECIMENTOS

Inicialmente, gostaria de agradecer à Profa. Maria Auxiliadora Minahim por toda dedicação e responsabilidade com a qual encara sua profissão. A Senhora, definitivamente, é um exemplo e uma inspiração para todos aqueles que um dia desejaram – com sinceridade e paixão – fazer da docência a sua vida. Mais do que isso, preciso agradecer pela confiança, pela amizade, pela compreensão, pela paciência, por todos os elogios sinceros, por ser uma das pessoas mais humanas e preocupadas com o próximo que conheço, mas, principalmente, pelas "broncas" e críticas, pois me permitiram evoluir e me tornar a profissional que hoje sou.

Agradeço a minha querida mãe, pela mulher magnífica, forte, inteligente que é, bem como por me ensinar a ser autônoma e empoderada muito antes de aprender o que era feminismo.

A minha querida irmã, pelo apoio na elaboração do trabalho.

Ao meu esposo, por entender e apoiar as escolhas de minha vida, por mais difíceis e distantes que já tenham sido da sua realidade, aceitando caminhar comigo neste mundo feminista de papéis ainda pouco convencionais e constantemente criticados pelos pobres de mente e de alma que engessam os espaços e atribuições como forma de manutenção de seus privilégios.

Agradeço, por fim, a Deus, a todos os santos e orixás, pelo privilégio de ser uma mulher negra com a oportunidade de criticar esta ordem social defasada, preconceituosa e limitante, difundindo o meu discurso neste excludente meio jurídico, e contribuindo, ainda que minimamente, com o empoderamento de outras mulheres, para, quem sabe, alcançarmos um futuro melhor.

*A diversidade das nossas opiniões não provém do fato de uns serem mais racionais do que outros, mas tão somente em razão de conduzirmos o nosso pensamento por diferentes caminhos e não considerarmos as mesmas coisas.*

(Descartes)

# SUMÁRIO

PREFÁCIO
**Maria Auxiliadora Minahim** ................................................................ 13

APRESENTAÇÃO
**Sebástian Borges de Albuquerque Mello** .............................................. 17

CAPÍTULO 1
INTRODUÇÃO ...................................................................................... 19

CAPÍTULO 2
O DELITO DE ESTUPRO COMO MECANISMO DE
SUBJULGAMENTO DO GÊNERO FEMININO ............. 25

2.1 O delito de estupro ................................................................ 28

2.1.1 O bem jurídico tutelado antes da Lei nº 12.015/2009
e a mudança de perspectiva na tutela penal dos crimes
sexuais ...................................................................................... 33

2.1.2 O bem jurídico "dignidade sexual": a tutela da sexualidade
humana sob as lentes da dignidade, ainda que imoral ........ 40

2.2 O estupro como delito de poder .......................................... 47

2.2.1 A estrutura de poder ............................................................. 50

CAPÍTULO 3
O PATERNALISMO, O DIREITO PENAL
BRASILEIRO E A TENDÊNCIA LIBERAL
DO DIREITO PENAL CONTEMPORÂNEO ................... 71

3.1 Classificações do paternalismo ............................................ 76

3.2 Consentimento do ofendido como mecanismo de respeito
à autodeterminação individual ............................................ 94

3.3 Participação em autocolocação em perigo e heterocolocação
em perigo consentida ............................................................ 101

3.4 Vitimodogmática ................................................................... 105

CAPÍTULO 4
A TRANSFORMAÇÃO DO ESTUPRO EM UM CRIME
DE AÇÃO PENAL PÚBLICA INCONDICIONADA:
ACERTO OU EQUÍVOCO?........................................................ 113
4.1    O ostracismo da vítima no processo criminal...................... 113
4.2    Revisão acerca dos tipos de ação penal............................ 124
4.3    O processo de vitimização secundária da vítima de
       estupro: a nocividade do sistema sancionador
       institucionalizado.......................................................... 141

CAPÍTULO 5
CONCLUSÕES........................................................................ 151

REFERÊNCIAS........................................................................ 157

# PREFÁCIO

O problema do estupro estende-se além das fronteiras jurídicas, para envolver questões sociais e morais que dizem respeito à cultura da dominação masculina sobre as mulheres. Os movimentos feministas assumem um papel de protagonismo nesse contexto, reivindicando justiça para as vítimas, o que não significa apenas aplicação da sanção penal, mas, também, uma preocupação com o bem-estar da vítima.

O significado cultural do estupro, embora tenha mudado nos últimos anos graças às lutas de mulheres associadas em favor do reconhecimento identitário do gênero, ainda carrega uma forte carga do poder masculino de subjugação. As transformações do direito penal, apesar de indicarem a maior reprovação do crime e de ajustarem a sanção cominada à gravidade do injusto, não conseguem prevenir, suficientemente, a violação da norma.

De fato, apesar da violência e da torpeza do ato, o crime já comportou diferentes interpretações, admitindo-se, sobretudo que uma das maiores conquistas da contemporaneidade constitui no reconhecimento do estupro como um crime contra a própria vítima.

Durante grande parte da história registrada, as mulheres eram propriedade dos homens, com seu valor financeiro avaliado, em grande parte, por sua "pureza" sexual. Nesse contexto, o estupro era considerado um crime contra a propriedade, contra o marido ou pai da mulher. Uma mulher ou menina estuprada era menos valiosa como patrimônio, resumindo-se as penalidades a multas ou outra compensação patrimonial pagas ao seu proprietário (marido ou pai). A permissão legal de estupro marital, que sobreviveu nos EUA até a década de 1990, é claramente um resquício dessa abordagem, quando se interpreta que nenhum crime seja cometido quando um homem força a relação sexual com sua esposa. No Brasil, Magalhães Noronha também partilhava dessa compreensão, uma vez que o marido atuaria, segundo o autor, no exercício regular de um direito.

Outro corolário dessa visão, que persiste com insistência descabida, é a de que se a mulher não tiver um "dono", ou melhor, se for uma prostitua, não haveria crime, porque não há lesão com sua violação. Dado esse legado histórico e cultural arraigado, a redefinição feminista de "estupro" como um crime contra a mulher e, mais ainda, contra sua dignidade constitui, em termos legais, um avanço. Como expressa a própria autora, o significado dessa expressão no ordenamento jurídico nacional transcende aquele que lhe é dado tradicionalmente para expressar "uma carga axiológica atrelada à sua construção histórica e filosófica, que transcende a honraria ou modo respeitoso de atuar, para alcançar o respeito a autonomia individual de todo ser humano".

O feminismo é um movimento social identitário contra o poder desarrazoado do gênero masculino, que reivindica seu reconhecimento em igualdade de condições. É uma luta social através da qual as mulheres buscam a afirmação de poder sobre o seu próprio corpo e sobre as suas escolhas. Trata-se, portanto, de exigência de paridade de direitos e por protagonismo social e, acima de tudo, representa o entendimento de que as mulheres merecem o mesmo respeito consagrado aos homens.

A compreensão atual de que o estupro expressa uma perversão pessoal, que encontra ampla tolerância social, tem congregado profissionais das diversas áreas profissionais para seu enfrentamento. A autora deste trabalho, por natureza guerreira de muitas "guerras santas", não teria como ignorar o tratamento jurídico do tema. Adotou, em sua tese de doutoramento, brilhantemente apresentada e defendida, o tema através de um recorte específico: a transformação pela Lei nº 12.015/09 de crime sujeito a ação pública condicionada a representação em delito de ação penal pública incondicionada com a publicação da Lei nº 13.718/18. Legítima defensora do direito feminino sobre seu corpo e a vida, opõe-se ao que, aparentemente, significa um passo do Estado no sentido de um confronto mais rigoroso com o estupro, o que pode parecer uma ambiguidade.

A Lei nº 13.718/18, ao transformar a ação penal de pública condicionada à representação, em ação pública incondicionada se, de um lado, teria formalmente demonstrado que o Estado adotou uma posição mais rigorosa contra este tipo de violação, de outro, retirou da vítima a possibilidade de, por conveniência pessoal, recusar-se a tornar o fato público. O paternalismo estatal pode significar a compreensão de que a mulher, criatura frágil e incompetente, não dispõe de autonomia suficiente para a condução de sua vida. No entanto, não provocar a atividade jurisdicional pode ser uma escolha adequada em circunstâncias pessoais.

Com efeito, o exercício de atividade profissional na área crime possibilita o reconhecimento do forte processo de vitimização secundária da mulher, pelos gracejos, risos, olhares curiosos e dúvidas francamente manifestadas pelos que estão no sistema e ao redor dele. Somam-se, então, às dores e humilhações do crime aquelas produzidas pela relação estabelecida com os órgãos de controle formal. A atitude paternalista do Poder Público viola, ao tomar a seu encargo sempre, o início dos procedimentos, portanto, a autonomia da mulher, que pode e deve decidir se quer ou não dar início a uma ação penal.

Tema difícil, escolhas delicadas sobre seu encaminhamento, problemas que a autora tratou com firmeza, coragem e argumentos contemporâneos que tornam seu trabalho precioso.

**Maria Auxiliadora Minahim**
Mestrado em Direito Penal pela Universidade Federal do Rio de Janeiro (1979). Doutorado em Direito Penal pela Universidade Federal do Rio de Janeiro (1990) e doutorado em Direito pela Universidade Federal do Paraná (2005). Professora Titular da Universidade Federal da Bahia.

# APRESENTAÇÃO

O trabalho que agora chega às suas mãos representa um libelo em defesa da autonomia feminina. Natalia Petersen, no trabalho com a qual obteve título de doutora em Direito pela Universidade Federal da Bahia, reforça sua trajetória humanista, analisando e criticando o modelo legal de ação penal nos crimes contra a dignidade sexual. Sua tese não é apenas uma forma de demonstrar erudição sobre o tema da autonomia nos crimes sexuais: é o enfrentamento claro de uma opção legislativa que, sob o pretexto de proteger, vulnerabiliza. Com um marco teórico bem definido, Natália não se furta a discutir, à luz de uma visão feminista e autonomista, o processo de poder que envolve toda a dinâmica dos crimes contra a dignidade sexual, desde o momento de sua prática até a sua persecução.

Natália consegue aliar o rigor metodológico com a contundência necessária para defender suas ideias. Não recorre ao discurso vago e opinativo. Sustenta, como base de seus estudos, o direito de cada pessoa fazer escolhas relacionadas à própria vida. Não admite, salvo em casos de manifesta vulnerabilidade, que terceiros interfiram no exercício da autonomia alheia, suprimindo seu direito de escolher.

Assim, questiona o papel que o Direito reserva às vítimas de crimes contra a dignidade sexual. Objetificadas, muitas vezes reduzidas a mero meio de obtenção de prova, as mulheres, sob o pretexto de serem protegidas pelo sistema punitivo, veem reforçada sua posição de vulnerabilidade. A alternativa dada às mulheres para libertar-se da opressão masculina é a opressão do sistema penal.

Natália transita com desenvoltura nos alicerces que arrimam sua tese. Na questão de poder e domínio que envolvem crimes sexuais; na discussão sobre funções do Estado e paternalismo; sobre vitimodogmática; e também sobre um neopunitivismo que, sob pretexto de proteger, desassiste.

A obra desperta o interesse imediato por tratar de um tema atual e muitas vezes negligenciado. Sua análise pode afetar diretamente a vida de tantas pessoas vítimas de crimes sexuais. A escolha do tema, por si só, justifica a publicação. O enfrentamento esclarecedor recomenda a sua leitura.

Há um alerta de que a substituição da vontade da vítima pela vontade do Estado pode ser um instrumento de ofensa à autonomia e à dignidade. A tutela criminal compulsória, além de produzir consequências secundárias estigmatizantes, não representa uma solução aos crimes de gênero, e ainda de reforçar estereótipo feminino de vulnerabilidade.

E é nesse cenário que a autora reafirma o conteúdo ético e humanista que acompanha sua trajetória acadêmica, na defesa de que pessoas sempre são sujeitos, e não objeto, e nessa condição não se pode admitir simplesmente uma substituição de vontades.

Natália, portanto, demonstra o afinco na pesquisa e a paixão pelo tema, sem que isso afete o resultado da hipótese que confirma, não só pelos casos que apresenta desde a introdução, mas pela coerência com que é desenvolvido.

**Sebástian Borges de Albuquerque Mello**
Mestre e doutor em Direito pela Universidade Federal da Bahia. Professor Associado da graduação e pós-graduação da Universidade Federal da Bahia

CAPÍTULO 1

# INTRODUÇÃO

No início do ano de 2019, a cidade de Camaçari-BA parou ao tomar conhecimento do caso de Eva Luana, uma moça de aproximadamente 20 anos, estudante de Direito, que foi estuprada e torturada por seu padrasto durante mais de 10 anos.

Segundo seus relatos, estava óbvio: o sujeito, antes de tudo, sentia prazer em dominá-la e humilhá-la, o sofrimento que causava a partir da submissão de sua vítima foi capaz de sensibilizar até o mais indiferente dos seres humanos.

Nas redes sociais, a moça desabafou:

> [...] Meu caos teve início quando eu tinha 12 anos, minha mãe era agredida, violada, torturada quase todos os dias. Meu padrasto era obsessivo e ciumento com ela. [...] ela era agredida com chutes, joelhadas, objetos. Era abusada sexualmente de todas as formas possíveis. Era obrigada a tomar bebidas até vomitar e quando vomitava tinha que tomar o próprio vômito como castigo.
> Ele começou a me abusar sexualmente. Eu tinha nojo, repulsa, ódio e não entendia porque aquilo acontecia comigo. [...]ele nos obrigava a fingir que tínhamos uma família perfeita. As agressões eram verbais, físicas e psicológicas. [...] eu levei socos no rosto e ele não me deixava me proteger com a mão. Chutes até cair.[1]

Essa é apenas uma parte da exposição realizada pela vítima, que se valeu do único meio que tinha para enfrentar os abusos, uma vez que o sistema de proteção instaurado já havia falhado

---

[1] Relatos publicados na conta de Eva Luana, em 19 de fevereiro de 2019, em sua conta do Instagram.

anteriormente, mantendo-se inerte frente a sua primeira denúncia, executada durante sua infância. Sua mãe, por outro lado, também estuprada e agredida, em razão do medo e da vergonha, não proferiu uma só palavra em público, agradecendo, contudo, pela coragem que sua filha teve de expor o drama pelo qual estavam passando.

O medo de represálias foi o elemento definidor para que a genitora de Eva não abandonasse seu agressor e suportasse durante anos todas as atrocidades que lhes foram impostas. Ainda assim, na primeira entrevista dada pela vítima a uma grande emissora de telecomunicação, o apresentador do telejornal gritava, aproveitando a brecha para culpabilizar sua mãe, igualmente vítima, "como uma mãe não vê que sua filha está sendo estuprada? Como uma mãe é capaz de ver e não proteger sua filha?".

Na medida em que os fatos foram divulgados, os julgamentos foram igualmente aparecendo. Primeiramente, a dúvida: "por qual razão ela demorou tanto para denunciar?", "será que os fatos realmente ocorreram ou ela está inventando para 'aparecer'?". Seguida da dúvida, dos olhares de pena, da ação incansável dos meios de comunicação para transformar dor, sofrimento e crueldade em notícia.

Enquanto isso, na cidade de Valença, duas meninas se dirigiam para a delegacia para prestar depoimento. Duas irmãs, que descobriram possuir uma ferida em comum: ambas haviam sido estupradas pelo tio. A mais velha, masturbada durante a infância, por volta dos 4 ou 5 anos, dava coragem e força a sua irmã "caçula", hoje com 16 anos, que foi reiteradamente violentada por mais de 10 anos.

Os estupros, que começaram com masturbações e episódios de sexo oral, quando a vítima tinha apenas 4 anos, foram aumentando de intensidade, frequência e agressividade, culminando na efetiva prática de conjunção carnal em junho de 2018, quando o agente a constrangeu mediante o uso de uma arma de fogo, levando-a para fora da cidade, amarrando seus braços às cordas dos navios atracados e a deixando naquele local para que retornasse sozinha, a pé. Sua dor e o apoio da irmã foram fundamentais para que ganhasse a coragem de denunciar tantas transgressões.

Em mesa de audiência, com a palavra ao advogado de defesa, perguntas do tipo "por qual razão você não denunciou o fato antes", "por qual razão você não contou a seus pais", "você frequentava os mesmos ambientes que o acusado?", "seus pais deixavam você sozinha com o acusado?", "como é possível que você tenha estado com o acusado, afirme que este ficou sem camisa e não se recorde de nenhuma marca de nascença do peito". Todas, tentativas reiteradas de criminalizar e descredibilizar a palavra da vítima.

Foram duas horas ouvindo cada uma das vítimas, que responderam todos os retrospectos prontamente, em que pese aos prantos. A esposa de seu tio, seu pai, todos em deplorável condição, diante da tragédia ocorrida em sua família por tanto tempo, sem que ninguém desconfiasse e pudesse impedir. Naturalmente, por se tratar de processos judiciais, erros acontecem, e, para a infelicidade de todos, todas as nove horas de gravação foram perdidas em virtude de falhas no sistema de armazenamento da justiça. Com isso, a vítima teve de ser novamente submetida a uma centena de perguntas, olhares, acusações, revivendo os fatos mais dolorosos de sua vida e se esbarrando com o acusado no corredor do fórum da cidade.

Assim como essas mulheres tiveram a coragem necessária para denunciar, muitas outras procuram coragem para, tão somente, sobreviver com o fato, e por mais que se diga que a melhor medida é a de denunciar, não precisa ter grandes habilidades acadêmicas para saber que o primeiro impulso da nossa sociedade é julgar a vítima e encontrar em sua atuação um desvio no comportamento idealizado pela sociedade patriarcal que tenha proporcionado ao estuprador uma espécie de "salvo-conduto" tácito, para realizar as violações à sua liberdade.

Muitas mulheres são julgadas pela comunidade tão violentamente que se arrependem de denunciar quando não recebem o apoio devido de seus entes próximos. Há aproximadamente quatro anos, durante uma aula, uma moça chorava muito, todos a ignoraram e a aula precisava continuar. Incrivelmente, era uma aula sobre o crime de estupro. Chegando ao final do horário, após todos terem saído, essa discente, em lágrimas, afirmou ter sido vítima do crime em discussão. Boa parte de sua tristeza, porém, estava relacionada ao fato de que, após o delito ter sido praticado por um vizinho muito amigo de sua família, seus genitores atribuíram-lhe a culpa pelo ocorrido.

"Por qual motivo ela não tinha dado seguimento à denúncia", era a dúvida que ficava. A resposta, no entanto, estava em casa. Se seus pais não haviam acreditado nela, quem acreditaria? Além disso, muitos ficariam sabendo, a "vergonha" seria maior. O constrangimento perante seus pais, sua família e seus amigos seria inenarrável.

Não é novidade que a sociedade impõe, geralmente ao gênero feminino, uma lista de comportamentos socialmente aceitáveis, cujo descumprimento acaba ensejando a transferência da responsabilidade do autor para a vítima, na ocasião de delitos sexuais. Considera-se, equivocadamente, ser culpa da vítima por estar naquele lugar, naquela hora, daquela maneira.

A responsabilidade do agente é sempre amenizada por uma espécie de "coculpabilidade" da vítima por não anular seus direitos em prol de uma conduta social hipócrita, que em vez de protegê-la, parece encontrar motivos para a legitimação da transgressão sofrida (geralmente praticada por uma pessoa do gênero masculino).

Independentemente da posição adotada, é inegável que o titular do bem submetido a uma conduta de estupro passa por diversos graus de vitimização, por vezes superiores, inclusive, as que se operam nas persecuções penais de outras figuras típicas. Em oitivas de crimes de furto, por exemplo, ninguém pergunta para a vítima por qual razão ela caminhava com a *res* furtiva, assim como não perguntam à vítima de homicídio tentado o motivo pelo qual ela saiu de sua casa, ou por qual razão ela frequentava a residência do autor, ou, ainda, porque uma vez ameaçada, nunca contou à família.

Se o crime em si já proporciona um sofrimento inigualável a suas vítimas, submetê-las a um processo penal tão agressivo – que tende a "criminalizá-las" em detrimento do acusado, devastando sua privacidade e intimidade – pode corresponder a uma agressão tão sensível quanto a perpetrada pela infração penal. Ademais, deve-se considerar, inclusive, a existência do risco de que, após todo o sofrimento proporcionado pelo processo, não subsista uma sentença condenatória, em virtude da suposta ausência de provas (pois não são costumeiramente praticados em público e muitos não deixam vestígio capaz de ser documentado objetivamente), e toda a tortura representada pela persecução terá sido em vão.

Esse é o primeiro motivo, e o mais óbvio, pelo qual, o presente trabalho busca avaliar se a imposição legislativa da ação penal pública incondicionada para crimes sexuais, sob o pretexto de proporcionar uma maior efetividade à norma, mostra-se como medida adequada. Será razoável impor a uma vítima já tão afetada que se submeta a um processo criminal, o qual lhe fará reviver esses acontecimentos lesivos? É razoável exigir que tal vítima se transforme em mero objeto de prova, podendo ser submetida a violações, como condução coercitiva e submissão compulsória a perícias?

Em tempos de reestruturação ideológica – através da qual se questiona a organização social machista que durante tantos anos objetificou a mulher, colocando-a em posição submissa à dos homens e idealizando um estereótipo feminino de fragilidade e dependência que hoje tentam ser quebrados – a opção de tornar os delitos sexuais praticados contra pessoas (geralmente mulheres) adultas e maiores crimes de ação penal pública incondicionada guardaria coerência com esse movimento?

Seria a medida menos lesiva à liberdade e à autonomia feminina a imposição de uma ação penal incondicionada ou esta deve ser substituída por outras medidas e políticas de enfrentamento da questão? O que representa a referida opção legislativa que, de forma inadvertida e como mecanismo de resposta social ao clamor popular, propôs e aprovou essa alteração legal?

Diante de tais problemas, sustenta-se a hipótese de que a alteração legislativa promovida pela Lei nº 13.718/18 constitui medida desfavorável ao reconhecimento e fortalecimento da autonomia feminina, além de ineficiente no combate dos crimes de estupro, em razão de sua peculiar característica de delito de domínio.

Com a finalidade de se desenvolver a referida problemática, a partir do método de revisão bibliográfica, buscou-se, no Capítulo 2, discutir o poder simbólico do delito de estupro nas sociedades machistas, abordando inicialmente o aspecto histórico da conduta delitiva, sua evolução típica ao longo do tempo, bem como a relevância da alteração do bem jurídico proporcionada pela Lei nº 12.015/09. Após a criação desse panorama, a pesquisa desenvolve-se em torno da construção social do gênero feminino, como sujeito submisso e dependente, na qual o delito de estupro é fomentado como ato de poder.

No Capítulo 3, realizou-se uma sucinta revisão em relação ao liberalismo e ao paternalismo jurídico, delimitando seu significado, suas diversas formas de expressão, além da tendência do direito penal contemporâneo em deferir, aos titulares de bens jurídicos, determinada parcela de autonomia sobre a punibilidade de condutas penalmente proibidas, como no caso do consentimento do ofendido e da participação na autocolocação em perigo.

No Capítulo 4, desenvolveu-se acerca da neutralização e ressurgimento da vítima no processo sancionador, indicando implicações jurídicas e extrajurídicas da imposição de uma persecução criminal contrária ao interesse da vítima, nas hipóteses de estupro.

CAPÍTULO 2

# O DELITO DE ESTUPRO COMO MECANISMO DE SUBJULGAMENTO DO GÊNERO FEMININO

O Brasil, em suas dimensões continentais, embora já tenha alcançado significativos avanços culturais e educacionais, ainda é assombrado por comportamentos primitivos como o do estupro. Manchetes anunciando a ocorrência do referido delito não são incomuns. Em 2017, a matéria publicada pelo G1 alertava:

> [...] A cada duas horas e meia, em 2016, uma mulher sofreu estupro coletivo em algum lugar do Brasil. Os dados são do Ministério da Saúde. No último ano, 3.526 casos foram registrados pelas unidades de saúde de todo o país – alta de 12,5% em relação aos 3.132 de 2015. Na comparação com 2011, o número subiu 124%. [...] Somados, São Paulo, Rio de Janeiro e Minas Gerais – os três estados mais populosos – registraram 1360 casos de "estupro com dois ou mais agressores" [...].[2]

Em agosto de 2018,[3] somente na Bahia, o Anuário Brasileiro de Segurança Pública havia identificado uma média de aproximadamente nove estupros por dia ocorridos em 2017, ocupando o 8º lugar no *ranking* nacional, com 3.270 casos de estupro consumado noticiados,

---

[2] BRASIL. Disponível em: https://g1.globo.com/distrito-federal/noticia/brasil-teve-um-estupro-coletivo-a-cada-2-horas-e-meia-em-2016-numero-cresceu-124-em-5-anos.ghtml. 11 de jan. 2019.

[3] Matéria publicada no site "bahianotícias.com.br". BRASIL. Disponível em: https://www.bahianoticias.com.br/noticia/225346-bahia-tem-cerca-de-9-estupros-por-dia-diz-anuario-brasileiro-de-seguranca-publica.html. Acesso em: 11 jan. 2019.

perdendo apenas para São Paulo (11.089 casos); Minas Gerais (5.199 casos); Paraná (5.966 casos); Rio de Janeiro (4.952 casos); Rio Grande do Sul (4.372 casos); Santa Catarina (3.993 casos) e Pará (3.334 casos).[4]

Segundo dados do próprio Anuário Brasileiro de Segurança Pública, em 2018, teria havido um aumento de casos de aproximadamente 10,826% dos anos de 2016 para 2017. Foram relatados 55.070 estupros em 2016, e 6.130 tentativas de estupro no mesmo ano, enquanto em 2017 foram relatados, oficialmente, 61.032 casos de estupro consumado e 5.997 tentativas. Uma diferença de 5.962 casos registrados de um ano para o outro, sem contar as cifras ocultas, que, estima-se, devem girar em torno de 92,5% o número de casos não registrados. Assim, supõe-se, dentro dessa expectativa, que em vez dos 43.869 casos efetivamente registrados em 2011, é possível ter havido aproximadamente 584.920 casos de estupro nesse mesmo período. Igualmente, ao contrário do registrado em 2016 (55.070 casos de estupro no país) e 2017 (61.032 casos de estupro no país), tenham ocorrido, em uma perspectiva aproximativa, 734.266 e 813.760 casos no país.

Tais percentuais são aplicados hipoteticamente, pois com base em diversos estudos realizados, há uma taxa altíssima de subnotificação de alguns delitos, entre os quais os crimes sexuais estão inseridos, o que dificulta a percepção real do problema de criminalidade sexual existente não apenas no Brasil, como no mundo. Apenas para exemplificar, em estudo produzido no ano de 2010 nos EUA, pelo US Departament of Justice,[5] foi identificado que apenas 35% das vítimas de crimes sexuais dirigiram-se até as delegacias para comunicar a ocorrência do delito. Outro estudo publicado pelo Instituto de Criminologia Australiano identificou que, no país, apenas 15% das vítimas buscaram as autoridades para a investigação e punição dos delitos.[6] A Pesquisa Nacional de Vitimização[7] – publicada em maio de 2013, contou com 78.000 pessoas entrevistadas entre os

---

[4] Segundo o Anuário de Segurança Pública de 2018. Brasil. Anuário de Segurança Pública 2018. Disponível em. http://www.forumseguranca.org.br/wp-content/uploads/2019/03/Anuario-Brasileiro-de-Seguran%C3%A7a-P%C3%BAblica-2018.pdf. Acesso em: 24 mar. 2019.

[5] BRASIL. Anuário Brasileiro de Segurança Pública 2015, p, 116. Disponível em: http://www.forumseguranca.org.br/storage/9_anuario_2015.retificado_.pdf. Acesso em: 24 jun. 2019.

[6] *Ibidem.*

[7] BRASIL. Pesquisa Nacional de Vitimização. Instituto de Pesquisa Datafolha. Disponível em. http://www.crisp.ufmg.br/wp-content/uploads/2013/10/Sumario_SENASP_final.pdf. Acesso em: 24 jun. 2019, p. 13

anos de 2010, 2011 e 2012, residentes em 346 municípios do Brasil – apontou um índice de notificação dos crimes sexuais de 7,5%, que quando comparado a crimes patrimoniais tem um elevado desvio, haja vista que o índice de notificação dos mesmos girava, à época, em torno de 90%, perdendo apenas para os índices relativos aos crimes de discriminação (cerca de 2,1% de notificações).

Em que pese se tratar de estatística, a qual possui uma margem de erro e cujos índices podem ter sofrido modificação ao longo dos anos, posto o inegável aumento de campanhas publicitárias e discussões em torno da temática, que pode ter levado a uma diminuição da subnotificação, a experiência empírica permite afirmar que o índice de notificações ainda não corresponde aos reais números de ocorrências registradas oficialmente, ainda que não seja um desvio tão brusco quanto o demonstrado no referido estudo. Haja ou não uma subnotificação, o quantitativo de 61.032 casos para o delito em discussão permanece elevado e preocupante, haja vista o tipo de violação produzida.

Tomando como base os números fornecidos e a perspectiva de subnotificação apresentada pelo estudo realizado no Brasil, alcança-se o seguinte gráfico:

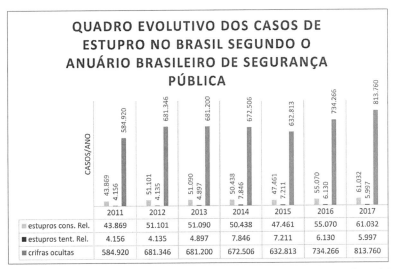

Fonte: A tabela foi construída a partir dos dados oficiais publicados do 7º ao 12º Anuário Brasileiro de Segurança Pública. Os números das cifras ocultas foram considerados a partir do índice alcançado pela Pesquisa Nacional de Vitimização, considerando hipoteticamente que o quantitativo de estupros registrados pelos seis exemplares dos anuários seriam apenas 7,5% do número de crimes sexuais ocorridos no Brasil. Assim, aplicando-se o cálculo de (C = N . 100/7,5 ), onde "C" corresponde às cifras ocultas, e "N" seria o número de casos efetivamente notificados, que multiplicado por 100 e dividido por 7,5 resultaria no número de casos que, tomando como verdadeiro o índice apontado pela pesquisa, teriam sido ocultados por suas vítimas. Dados disponíveis no site http://www.forumseguranca.org.br/atividades/anuario/. Acesso em: 24 jun. 2019.

Independentemente de se discutir os motivos que levaram ao crescimento dos registros de tais crimes, seja pelo efetivo aumento de casos, seja pelo aumento de informação das vítimas e do empoderamento das mesmas para buscar a punição de seus ofensores, os números apresentam-se altos e a urgência social por uma solução eficaz, diante da concepção brasileira crescente de intolerância em relação aos crimes sexuais, fez com que o legislador alterasse o tipo de ação penal necessária para seu processamento, tornando-os de ação penal pública incondicionada.

Trata-se de uma realidade lamentável, que expõe toda a irracionalidade humana e sua necessidade frequente de subjugar o próximo, submetendo-o a um dos comportamentos mais torpes conhecidos em toda nossa sociedade. A alteração legislativa do tipo de ação penal para os crimes sexuais, porém, suscita dúvidas sobre sua coerência com o tipo de delito (que tutela a liberdade sexual) e com a necessidade social e jurídica da proteção das vítimas.

Para iniciar as discussões e responder às perguntas levantadas por este trabalho, faz-se imprescindível analisar os contornos jurídicos desse delito, aprofundando os conhecimentos sobre a figura típica e analisando as investidas realizadas pelo poder público na tentativa de punir eficientemente os agressores e produzir uma resposta social eficaz ao clamor popular.

Diante disso, o presente capítulo se destina a delimitar juridicamente o estupro enquanto fenômeno jurídico, apresentando sua tipicidade e bem jurídico protegido, a partir de uma breve revisão bibliográfica que inclui alguns de seus aspectos sociais e históricos relacionados ao tipo, além dos entraves para a operacionalização da justiça em relação a sua ocorrência.

## 2.1 O delito de estupro

A palavra estupro deriva do latim *"stuprum"*, termo usado para designar condutas sexuais que geravam infâmia ou vergonha, que contrariavam regras de convivência social ou eram consideradas desonrosas no Direito Romano, tais como atos sexuais violentos, incestuosos, adultérios, matrimônios ilícitos ou mesmo relações sexuais com mulheres solteiras ou viúvas.[8]

De acordo com Canela, o termo *"per vim stuprum"* era um dos signos usados para determinar a prática de atos que contrariavam a ordem social quando praticados de forma violenta. Em contrapartida, o termo *"voluntarium stuprum"* seria usado para designar a ocorrência de atos infames praticados sem violência, em que pese concluir não ter existido, no Direito Romano, vocábulo específico para delimitar a prática de atos contemporaneamente definidos como estupro.[9]

Galdino Siqueira afirma que, na Roma do século VIII, a repressão dos delitos contra a moral cabia ao *pater-familias*, destacando, contudo, que a *Lex Julia*, decretada em 736, cominou com pena pública alguns delitos, entre os quais o de *stuprum*.[10]

Segundo Nelson Hungria, em tempos medievais, os práticos adotavam o conceito Romano, embora tenham denominado de *"stuprum violentum"* a conjunção carnal *"per vim"*, o qual seria considerado qualificado. Enquanto isso, o *stuprum* simples poderia sofrer variação de próprio e impróprio, dependendo da existência de defloração, sendo utilizado em casos nos quais a vítima fosse considerada "honesta". Ademais, segundo o autor, atribuía-se o crime de *"fornicatio simplex"* à prática de relações ilícitas com mulheres "desonestas" *(cum meretrice)*. O Direito Canônico, todavia, restringia-se a punir o *"stuprum violentum"* praticado contra mulheres virgens, não havendo referência à tutela de mulheres que não possuíssem tal característica.

Nas Ordenações Afonsinas, Manuelinas e Filipinas, o estupro violento, ou seja, a imposição de relação sexual mediante violência ou ameaça, era punido com pena de morte, qualquer que fosse sua vítima, aplicando, contudo a necessidade de um mandado real para

---

[8] CANELA, Kelly Cristina. *O "Stuprum per vim" no direito romano*. São Paulo: Faculdade de Direito da Universidade de São Paulo, 2009, p. 54.

[9] *Idem*, p. 54-57.

[10] SIQUEIRA, Galdino. *Tratado de Direito Penal*. Parte Especial. Tomo III. Rio de Janeiro: José Confino, 1947, 239-40.

a execução da referida sanção, quando o crime fosse intentado contra escrava ou prostituta. De acordo com as Ordenações Manuelinas, em seu título *"XVIIII"*, *"do que dorme por força com qualquer molher, ou traua della, ou a leua por fua vontade"* determina que:[11]

> Todo homem de qualquer eftado, e condição que feja, que forçofamente dormir com qualquer molher, pofto que efcraua, ou molher que ganhe dinheiro por feu corpo feja, moura por ello. Porem, quando for uma efcraua, ou molher que ganhe dinheiro por feu corpo, nom fe fará execuçam atee no-lo fazerem faber, e por Noffo Mandado.

No Código Criminal do Império do Brazil de 1830, é perceptível a manutenção da concepção de estupro anteriormente utilizada pelo Império Romano, haja vista que o mesmo se referia ao defloramento, conduta que prescindia do emprego de violência ou ameaça para a sua consumação. Conforme se verifica nos arts. 219 a 225 do referido diploma normativo, existiam diferenças entre o estupro e o estupro violento, bem como entre o estupro violento praticado contra "mulher honesta" e o perpetrado contra as "prostitutas", havendo nítida assimetria de reprovação no que tange ao segundo tipo.

A sanção correspondente ao crime intentado contra mulheres consideradas honestas, fossem virgens ou não, admitia pena de 3 a 12 anos, enquanto o estupro de prostitutas possuía a diminuta pena de 1 mês a 2 anos. Ou seja, a mínima aplicável ao crime cometido contra mulheres "honestas" chegava a ser superior à máxima do estupro praticado contra prostitutas.

Destaque-se que nesse código, ao contrário do que consta nas Ordenações Manuelinas, o casamento com as vítimas correspondia a uma causa de isenção de pena (art. 225) e a ofensa com fins libidinosos que não importassem em cópula vagínica também era menosprezada, uma vez que a pena atribuída pelo art. 223 do Código Criminal do Império do Brazil de 1830 era de 1 a 6 meses.[12]

---

[11] PORTUGAL. Collecçaõ da Legislaçaõ antiga e moderna do Reino de Portugal. Parte I da Legislaçaõ Antiga. Coimbra: Real imprensa da universidade, 1786, p. 52. Disponível em: file:///C:/Users/nat_p/Downloads/ordenacoes_manuelinas_volume5.pdf. Acesso em: 24 jun. 2019.

[12] Segundo o dispositivo, "Quando houver simples offensa pessoal para fim libidinoso, causando dôr, ou algum mal corporeo a alguma mulher, sem que se verifique a copula

Em 1890, o Código Penal incluía os crimes sexuais no título VIII, que tutelava a segurança da honra, a honestidade das famílias e o pudor público. Segundo seu art. 266, poderia ser punido com pena celular de 1 a 6 anos aquele que atentasse contra o pudor de uma pessoa, qualquer que fosse o sexo, mediante violência ou ameaça, com a finalidade de saciar paixões ou depravações morais. Já o artigo 268, *caput* e §1º, juntamente com o art. 269 disciplinavam o delito de estupro propriamente dito, na acepção antiga, que diferenciava o estupro de atentado violento ao pudor e o delimitava como o ato pelo qual um homem "abusava" sexualmente de uma mulher mediante violência, a qual seria qualquer emprego de força, seja física ou não, capaz de privar a pessoa do sexo feminino de sua capacidade de resistir ou defender-se.

Nesses termos, o estupro de "mulher honesta" comportava uma pena de 1 a 6 anos, ao tempo em que o estupro de "mulher pública" ou "prostituta" cominava uma prisão de 6 meses a 2 anos.

Nessa legislação também há referência ao casamento como forma de isenção de pena e sua ação penal era privada, movida mediante queixa, nos termos do art. 275, admitindo a ação pública apenas em alguns casos. O primeiro deles correspondia à situação na qual a vítima não tinha condições financeiras de arcar com os custos da ação penal. Nessa hipótese, ela precisava ser classificada como miserável ou estar asilada em casa de caridade. A segunda possibilidade estava vinculada ao crime cuja violência empregada resultasse em morte, perigo de vida ou lesão grave a saúde. Por último, admitia-se ação pública nos casos em que o autor do delito fosse tutor, curador, preceptor da vítima ou quando abusasse do pátrio poder.[13]

---

carnal". Penas – de prisão por um a seis mezes, e de multa correspondente á metade do tempo, além das em que incorrer o réo pela ofensa. BRASIL. Código Criminal do Império do Brazil. 1830. Disponível em: http://www.planalto.gov.br/ccivil_03/leis/lim/LIM-16-12-1830.htm. Acesso em: 25 jun. 2019.

[13] Importante destacar que, embora tal informação conste no Capítulo II do título analisado, o qual trata dos delitos de rapto, compreende-se que a referida informação sobre a possibilidade do casamento, bem como do tipo de ação penal se estendem aos delitos de estupro, em razão da redação do diploma, *in verbis*: "*Art. 274*. Nestes crimes haverá logar o procedimento official de justiça sómente nos seguintes casos: 1º, si a offendida for miseravel, ou asylada de algum estabelecimento de caridade; 2º, si da violencia carnal resultar morte, perigo de vida ou alteração grave da saude da offendida; 3º, si o crime for perpetrado com abuso do patrio poder, ou da autoridade de tutor, curador ou preceptor. Art. 275. O direito de queixa privada prescreve, findos seis mezes, contados do dia em que o crime for

O Código Penal de 1940, em seu art. 213, disciplinou o estupro, inicialmente, como a conjunção carnal forçada, mediante violência ou grave ameaça, praticada contra mulher, punido com pena de reclusão de 3 a 8 anos, enquanto o constrangimento para a prática de atos libidinosos diversos da cópula vagínica situava-se no art. 214 do CP e havia sido nomeado como atentado violento ao pudor. Ambos os delitos localizados no Título VI – "Dos crimes contra os costumes", no Capítulo I – "Crimes contra a liberdade sexual".

Em sua redação original, o Código de 1940 previa o estupro, assim como o atentado violento ao pudor, como crime de ação penal privada, com a possibilidade de ser movida como ação pública condicionada a representação, quando a vítima não possuía meios de arcar com as despesas processuais, ou quando o delito era cometido com o abuso do pátrio poder, na qualidade de padrasto, tutor ou curador.

Em 7 de agosto de 2009, a Lei nº 12.015 modificou o panorama até então vigente. A referida lei alterou o Título VI, nomeando-o de "Crimes contra a dignidade sexual", revogou o art. 214 e alterou a redação do art. 213, passando a considerá-lo como a conduta de "constranger alguém, mediante violência ou grave ameaça, a ter conjunção carnal ou a praticar ou permitir que com ele se pratique outro ato libidinoso",[14] a qual se encontra vigente até os dias atuais.

A ação penal do referido dispositivo também foi modificada para pública condicionada a representação, salvo nas hipóteses em que a vítima fosse menor ou vulnerável, quando a ação penal seria pública incondicionada. Após, todavia, a Lei nº 13.718/2018, publicada em 24 de setembro de 2018, o delito passou a ser de ação penal pública incondicionada.[15]

Atualmente, o estupro encontra-se apenado com reclusão de 6 a 10 anos em sua modalidade simples, comportando três formas

---

commettido. Art. 276. Nos casos de defloramento, como nos de estupro de mulher honesta, a sentença que condemnar o criminoso o obrigará a dotar a offendida. Paragrapho unico. Não haverá logar imposição de pena si seguir-se o casamento a aprazimento do representante legal da offendida, ou do juiz dos orphãos, nos casos em que lhe compete dar ou supprir o consentimento, ou a aprazimento da offendida, si for maior". BRASIL. *Código Penal da República dos Estados Unidos do Brazil*. 1890. Disponível em: http://www.planalto.gov.br/ccivil_03/decreto/1851-1899/D847.htm: Acesso em: 24 jun. 2019.

[14] Art. 213, do Código Penal Brasileiro de 1940.

[15] BRASIL. *Código Penal Brasileiro de 1940*. Disponível em: http://www.planalto.gov.br/ccivil_03/decreto-lei/del2848.htm: Acesso em: 25 jun. 2019.

qualificadas: a primeira ocorre quando da conduta de estupro resulta lesão corporal de natureza grave,[16] a segunda quando a vítima é menor de dezoito e maior de quatorze anos, e a terceira quando o resultado da conduta é a morte da vítima. As duas primeiras modalidades qualificadoras repercutem na aplicação de uma pena de reclusão de 8 a 10 anos, ao tempo em que a terceira modalidade desencadeia a aplicação de uma pena idêntica à do crime de homicídio qualificado, ou seja, de reclusão de 12 a 30 anos.

Antes de evoluir no estudo do delito de estupro, faz-se necessário abordar a alteração do bem jurídico tutelado pela norma penal, a qual acabou modificando as perspectivas punitivas do sistema brasileiro, além de constituir um dos fundamentos basilares para a formulação e discussão da presente tese.

## 2.1.1 O bem jurídico tutelado antes da Lei nº 12.015/2009 e a mudança de perspectiva na tutela penal dos crimes sexuais

Conforme destacado na evolução histórica elaborada no subitem anterior, em 2009, a alteração legislativa decorrente da Lei nº 12.015/09 desencadeou modificações através da alteração do bem jurídico protegido. Ao invés de "crimes contra a segurança da honra", conforme constava no Código de 1830, "crimes contra a segurança da honra, honestidade das famílias e do ultraje público ao pudor" como no Código de 1890 previa, ou "crime contra os costumes" como em 1940, a referida modificação atribuiu ao título, sob o qual repousa o crime de estupro, a proteção à "dignidade sexual".

À primeira vista, a presente modificação pode parecer irrelevante, por se tratar apenas do título no qual o dispositivo está localizado, mas esse simples título, ao contrário, oferece ao

---

[16] A conduta de lesão corporal de natureza grave encontra-se tipificada no art. 129, em seus parágrafos primeiro e segundo e podem ser consideradas quando da ofensa à saúde ou integridade física resultam incapacidade para as ocupações habituais, por mais de trinta dias; perigo de vida; debilidade permanente de membro, sentido ou função; aceleração de parto: Incapacidade permanente para o trabalho; enfermidade incurável; perda ou inutilização do membro, sentido ou função; deformidade permanente; ou aborto.

observador do diploma normativo uma das informações mais valiosas ao estudo do crime: o bem jurídico protegido.

Ao se estudar cada um dos delitos constantes na legislação em referência, determinadas características, das quais a própria implementação da tipicidade depende, são identificadas a partir da análise de seus títulos. Em relação a crimes como dano e furto, por exemplo, deve-se observar a efetiva ofensa ao bem jurídico tutelado, ou seja, ao patrimônio da vítima, para que se considere alcançada a tipicidade material e só então seja possível sustentar a ocorrência dos mesmos. Havendo lesão ao objeto jurídico que não importe em efetiva afetação do patrimônio, em que pese a existência de tipicidade formal, não é possível sustentar-se a tipicidade material, suscitando-se, pois, a aplicação do princípio da insignificância nesses casos.

O mesmo pode ser feito frente aos delitos dolosos contra a vida, cuja consumação demanda a afetação naturalística da vida do agente e sua tentativa deve comportar, ao menos, potencialidade lesiva e idoneidade para o alcance do resultado previsto pela norma.

A identificação do bem jurídico também está atrelada à possibilidade jurídica do uso do consentimento do ofendido como causa de exclusão da ilicitude, entre outros fatos de inegável importância.

O título aponta ao operador do direito qual será o valor tutelado pela norma e funciona como um filtro interpretativo do dispositivo penal. A criminalização da conduta de constrangimento para a conjunção carnal ou outro ato libidinoso sob o filtro dos costumes ou da defesa da honra deveria levar em consideração a moral pública objetiva da sociedade na qual o fato ocorreu, haja vista que o próprio objeto de proteção seria a honra e a moral. Nessas condições, tornava-se imprescindível, para a sua verificação que, de antemão, fosse analisada a "honra" da vítima envolvida, pois até a implementação do código de 1940 não se falava em liberdade sexual, mas puramente em defesa da moral, da honra e dos costumes. Desse modo, aquele que não possuísse tais pré-requisitos não teria bens jurídicos a serem tutelados, e a restauração da honra anteriormente maculada fazia desaparecer o delito ou minimizaria a sua reprovação.

Tal posicionamento possui amparo nos próprios artigos do Código Criminal do Império e no Código da República, os quais mantiveram penas desproporcionais para os delitos de estupros violentos quando as vítimas eram "mulheres públicas" ou prostitutas. Ampara ainda a referida constatação a previsão da possibilidade de isenção da pena do autor dos delitos quando esse se casasse com a vítima e a própria necessidade de pagamento de um dote, para minimizar os danos decorrentes do crime. Com essas duas características, resta claro que o bem jurídico externalizado pelo título e os crimes previstos por ambos os códigos se encontravam em perfeita harmonia para a proteção da honra, mas pouco atentavam para a liberdade sexual, que, à época, era praticamente inexistente.

Oscar Macedo Soares, em seu *Código Penal da Republica dos Estados Unidos do Brasil Comentado*, ao tratar do parágrafo único do art. 276, que isenta de pena aquele que casa com a vítima de estupro, afirma se tratar de disposição justa e moralizadora, constituindo forma de apagar o delito e restituir à mulher a posição ocupada na sociedade.[17] Tal afirmativa só é possível se a essência do crime repousar exclusivamente sobre a violação da honra, ignorando os efeitos deletérios sobre o sentimento de autopertencimento da vítima e o poder sobre seu corpo, do contrário, o casamento jamais seria capaz de fazer desaparecer tal violação.

Segundo Soares, Souza Lima, ao tratar da hipótese da indenização mediante o pagamento de um dote, prevista no código como forma de reparação, manifesta-se contrário a tal previsão por considerá-la uma forma de capitalização da honra da ofendida e a mercantilização de sua virgindade, o que demonstra a elevada importância que era depositada na honra e na virgindade da mulher, enquanto a violação de sua liberdade sexual é desprezada para um plano inferior, digna de tal ausência de importância que sequer é discutida a contento na referida obra. *In verbis*:[18]

> [...] discorda dr. Souza Lima que julga essa disposição <<iniquia, altamente indecorosa e desmoralizadora, porque importa a presumpção de que com esse dote, com uma certa quantia em dinheiro, resgata se a honra de uma donzella, repara-se, perante a sociedade, essa afronta, esse estigma indelével, lançado ao symbolo de sua virgindade>>.

---

[17] SOARES, Oscar de Macedo. *Código Penal da Republica dos Estados Unidos do Brasil Comentado por Oscar de Macedo Soares*. Rio de Janeiro: H. Garnier Livre Editor, sem ano, p, 406.

[18] *Idem*, p. 404.

Vê-se pela análise do discurso que a honra é o elemento central do delito e a proteção da norma também deve girar em torno dela. A preocupação à época rodeava a virgindade da donzela e o estigma que o delito causaria à mesma diante da sociedade, pouco importando nas discussões os efeitos individuais que as condutas seriam capazes de produzir.

Essa era a jurisprudência do Supremo Tribunal na década de 1970. Durante o julgamento do HC nº 43.779, o plenário do órgão passou a discutir a possibilidade de aplicação da então Súmula nº 388[19] e sua aplicabilidade às hipóteses de ação penal pública de estupro, diante do pleito de extinção de punibilidade da defesa, pautado na suposta ausência de ratificação da ação penal pública, que já se encontrava em fase de recurso. Alguns discursos proferidos por uma parte dos ministros da corte desnudou completamente a mentalidade ainda imperante do que se entendia por ser a essência do crime sob discussão.

Na ocasião, manifestou-se o Min. Adalício Nogueira: "[...] que interesse há em que se prossiga num processo ou que se leve a condenação a um homem, quando aquela que ele ofendeu, casando-se com outro, já fez reparar, plenamente, o mal que ele lhe causara?"[20]

Tal discurso, porém, não foi isolado, haja vista a manifestação do Min. Evandro Lins no mesmo sentido, sustentando que a própria razão de punir do crime de estupro só existiria no caso de mulheres virgens, em razão das dificuldades que a mesma passaria em ter para contrair casamento.[21] Acompanhando o raciocínio, manifestaram-se os Ministros Hermes Lima,[22] Pedro Chaves e Victor Nunes Leal.

---

[19] Súmula nº 388 do STF: "O casamento da ofendida com quem não seja o ofensor faz cessar a qualidade do seu representante legal, e a ação penal só pode prosseguir por iniciativa da própria ofendida, observados os prazos legais de decadência e perempção". Disponível em. http://www.stf.jus.br/portal/jurisprudencia/menuSumarioSumulas.asp?sumula=1586. Acesso em: 26 jun. 2019.

[20] FRAGOSO, Heleno C. *Revista de Direito Penal*, n. 2, p. 117, abr./jun. 1971.

[21] *In verbis*: "o preconceito da virgindade está subjacente na razão da punição. O preconceito cria para a menor ofendida, em virtude de seu desvirginamento, dificuldades para o casamento, a quase impossibilidade da aceitação, em razão desse prejuízo, por parte do homem, em receber como esposa uma mulher que não seja virgem. Posteriormente, vem essa mulher a casar-se. A razão de ser do direito de punir, da norma legal, desaparece. FRAGOSO, Heleno C. *Revista de Direito Penal*, n. 2, p. 118, abr./jun. 1971.

[22] Merece destaque o trecho transcrito por Fragoso do voto de Hermes Lima, pois reforça o entendimento sustentado aqui neste trabalho, no sentido de que o bem jurídico até a alteração legislativa produzida em 2009 era exclusivamente a moral e os costumes,

Ademais, a importância da honra da mulher violentada estava presente em todos os elementos de análise do delito e não apenas de sua condição anterior a ele. A própria constatação e configuração do estupro demandava da mulher uma conduta heroica em relação à proteção de seu corpo. Os esforços empregados para manter sua condição imaculada eram a medida usada para a aferição da existência do delito, a ausência de esforços exaustivos era suficiente para desconstituir a própria figura típica.

É isso que se depreende das obras de Soares, Siqueira e Nelson Hungria, este último com edição mais recente, datada de 1981. Nas palavras de Galdino Siqueira:[23]

> [...] não se concebe violência do agente sem a resistência da vítima, inequivocamente manifestada por atos de repulsa, que demonstra a vontade oposta à daquele que exercer a coação. [...] não basta, para se considerar a mulher violentada, que tenha se limitado a dizer – não quero – mas entregando-se ao mesmo tempo ao homem, e consentindo que este, sem dificuldade sacie seus desejos libidinosos: é preciso, enfim, que a resistência seja séria, isto é, não afetada para simular honestidade, mas realmente expressiva de uma vontade decididamente contrária, e seja constante, isto é, mantida até o último momento, e não começada e depois abandonada, para dar lugar ao concurso de mútuo gôzo.

Não fosse o suficiente as palavras supradescritas, Siqueira aponta que não haveria estupro no caso de uma cópula normal forçada entre marido e esposa, havendo apenas a possibilidade de se sustentar a ocorrência de outros delitos quando circunstâncias relevantes autorizassem a oposição lícita da mulher em relação ao ato sexual, como no caso de o homem estar infectado por doenças venéreas. Essa opinião só se justificaria se além da completa ausência de propriedade da mulher sobre seu próprio corpo, o ordenamento jurídico tutelasse exclusivamente a honra, posto que

---

deixando a violação a autodeterminação sexual em segundo plano. Segundo o Ministro: "Não vejo como se pode prosseguir na ação quando a ofendida se casou, e, portanto, se integrou na sociedade, através do costume da moral, que a coloca em situação respeitável. A reparação aproveita a ela. Por que o Estado irá sujeitá-la ainda à agonia de um processo?" FRAGOSO, Heleno C. *Revista de Direito Penal*, n. 2, p. 118, abr./jun. 1971.

23 SIQUEIRA, Galdino. *Tratado de Direito Penal*. Parte Especial. Tomo III. Rio de Janeiro: José Confino, 1947, 256-7.

não haveria ofensa à mesma, sequer à família e ao pudor dentro de uma sociedade machista e patriarcal, quando da ocorrência de uma atividade sexual da espécie.

Nelson Hungria, que assim como Siqueira comentava o Código de 1940, em 1981 publicou em sua obra entendimento que não possuía posição mais evoluída e demonstrava que a proteção dos costumes era elemento fundamental na análise do delito em diversas passagens.

Inicialmente, embora sustente expressamente que a condição da mulher é irrelevante para a configuração do delito, deixa igualmente claro que a pena, quando a vítima de estupro for "mulher da multidão", deverá ser reduzida.[24] Não fosse isso suficiente, Hungria discorre sobre a possibilidade de uma mulher adulta e normal ser fisicamente coagida por um homem à conjunção carnal, concluindo que se não há uma excepcional desproporção de forças em favor do homem, se a mulher não vem a perder os sentidos, prostrar-se pela fadiga, ou ser inibida pelo receio de maior violência, sempre seria possível evitar o coito mediante o movimento dos flancos. Por essa perspectiva, conclui o autor que um único homem seria incapaz de repelir os movimentos de defesa de uma mulher e ao mesmo tempo possuí-la sexualmente.[25] Mais uma vez, exige-se da mulher uma conduta incansável de proteção a sua honra, que aparentemente possui mais valor que sua própria integridade física.

Noronha, ao tratar a liberdade sexual nos crimes de estupro, em 1986, também concorda que não há de se falar em ausência de liberdade sexual de mulheres "públicas", prostitutas, defloradas ou meretrizes. Para o autor, elas também seriam objeto de tutela da norma. Não obstante isso, Noronha defende um equívoco do legislador ao não diferenciar o estupro de mulheres "honestas", daquelas cuja reputação e moral não teriam sofrido grandes abalos pelo ato violador. O autor não desconhece que o Código de 1940 tenha tutelado a liberdade sexual, pelo contrário, destaca em sua fala que "o fato de ela se alugar, de comercializar seu corpo, não

---

[24] HUNGRIA, Nelson. *Comentários ao Código Penal*. 5. ed. Belo Horizonte: Forense, 1979, v. 5, p. 114.

[25] *Idem*, p. 113.

perde direito dele e [...] merece proteção legal". Apesar de tal posicionamento, não deixa de asseverar:[26]

> A meretriz estuprada, além da violência que sofreu, não suporta outro dano. Sem reputação e honra, nada tem a temer como consequência do crime. A mulher honesta, todavia, arrastará por todo o sempre a mancha indelével com que poluiu o estuprador [...] No estupro da mulher honesta há duas violações: contra a liberdade sexual e contra a honra; o da meretriz, apenas o primeiro bem é ferido.

Complementando o pensamento de primordial tutela dos costumes, Hungria afasta a possibilidade de ocorrência do crime de estupro entre cônjuges, concluindo ser esta a solução justa, pois ambos se encontrariam em situação de mútuo dever de cópula, sendo impunível, inclusive, a violência empregada para tanto, por se tratar de meio necessário para o exercício regular do direito.[27] Seu pensamento, todavia, não é isolado. Magalhães Noronha compartilha com o autor do mesmo entendimento, compreendendo que, por se tratar de deveres recíprocos, a oposição ao ato sexual não pode ser considerada lícita quando realizada por mero capricho ou futilidade, mas ao contrário de Hungria, admite a responsabilidade do autor pelos excessos cometidos.[28]

Desse modo, o bem jurídico apontado pelos títulos anteriores à modificação legislativa mais recente tinha como ponto fundamental de tutela o respeito a fatores morais, submetidos ao filtro do socialmente aceito, ainda que importasse em ofensa à autodeterminação da vítima.

Deve-se tomar, pois, os ensinamentos de Magalhães Noronha, segundo o qual o termo "costumes" deveria ser entendido como uma conduta sexual determinada pelas necessidades ou convenções da sociedade e os crimes desse título representavam transgressões ao mínimo ético exigido do sujeito para tais relações.[29]

Essa realidade, diante da alteração mencionada, sofreu significativa modificação. Não se pode mais concordar que o crime

---

[26] NORONHA, Edgard Magalhães. *Direito Penal*. v. III. 18. ed. São Paulo: Saraiva, 1986. p, 107.

[27] HUNGRIA, *Op. cit.*, p. 115.

[28] NORONHA, *Op. cit., p.* 105.

[29] *Idem.* p, 98.

de estupro se submeta a filtros morais que se prestam a analisar a respeitabilidade da vítima perante a sociedade, seu grau de conhecimento da vida sexual ou mesmo seu grau de promiscuidade, haja vista que a discutida mudança tornou tais aspectos irrelevantes à aferição do delito. Não há que se sustentar a existência ou inexistência do delito, com base nesses aspectos e, de igual maneira, a reprovabilidade da violação não repousa sobre as características e hábitos sexuais da vítima, pouco importando se a mesma é virgem, se manteve relação com mais de uma pessoa ou se já o fez com mil. A reprovabilidade do delito de estupro recai sobre a violação da liberdade individual de submeter-se voluntariamente a uma relação sexual, quando, como e se houver vontade livre e consciente, pois se trata de um delito contra a liberdade sexual, uma vez que está inserido no rol dos crimes contra a dignidade sexual.

O termo dignidade sexual, por si só, não possui similitudes com os antigos objetos de proteção nos quais o delito de estupro se inseria. Visando a uma clara compreensão do novo bem jurídico e da posição da autora, faz-se imprescindível a análise do conceito de "dignidade", com vistas a melhor compreensão da carga valorativa que se atribui ao termo no presente trabalho.

## 2.1.2 O bem jurídico "dignidade sexual": a tutela da sexualidade humana sob as lentes da dignidade, ainda que imoral

A palavra dignidade, que deriva do latim *"dignitas"*, *"dignitatis"*, é um substantivo feminino que corresponde a uma honraria, a um modo respeitoso de proceder, à qualidade de ser digno. No ordenamento jurídico brasileiro, todavia, a palavra dignidade supera seus significados gramaticais e assume uma carga axiológica atrelada à sua construção histórica e filosófica, que transcende a honraria ou modo respeitoso de atuar, para alcançar o respeito à autonomia individual de cada ser humano.

De acordo com Luiz Regis Prado, no pensamento democrático, a dignidade da pessoa humana aparece desenvolvida através dos princípios da liberdade, igualdade e fraternidade, haja vista traduzir a autonomia da razão pessoal de cada indivíduo e a inviolabilidade da regência de sua conduta social. Da mesma forma, a expressão significa o reconhecimento de todos os direitos essenciais aos sujeitos, de modo a não diferenciá-los a partir do ofício ou função social que exerçam, gozando de uma esfera de autonomia que não pode ser tocada ou agredida sem se abalarem as bases da própria convivência social.[30]

A concepção atualmente utilizada de "dignidade", de acordo com Sarlet, possui raízes no pensamento cristão, uma vez que tanto no Antigo Testamento, quanto no novo Testamento, existem referências ao ser humano constituir a imagem e semelhança de Deus, pauta religiosa da qual se teria extraído a ideia de que o ser humano é dotado de valor intrínseco que impediria sua objetificação e instrumentalização.[31]

Ainda segundo o autor, a compreensão de igualdade e uniformidade de valor entre os sujeitos nem sempre foi uma concepção atrelada à dignidade. Durante a antiguidade clássica, o indivíduo era reconhecido pela sua função, pelo poder, pela opinião emitida pelos demais membros da sociedade, de modo que existiam pessoas consideradas menos dignas que outras. O pensamento romano apresenta duplo significado para a dignidade, sendo o primeiro uma concepção ontológica, inerente ao ser humano, enquanto o segundo compreenderia sua esfera existencial, decorrente da obediência aos dogmas da religião Cristã.[32]

De acordo com Mello, na Antiguidade Clássica, a dignidade estava associada ao nível hierárquico da pessoa, atrelando a quantidade de direitos fundamentais aos quais a mesma teria acesso a sua casta social. Na pré-modernidade, havia uma tendência discriminatória para com aqueles sujeitos que eram considerados desprovidos de dignidade, a exemplo de escravos e mulheres, o que os submetia a uma objetificação ou a uma inferiorização social.[33]

---

[30] PRADO, Luiz Regis. *Bem jurídico-penal e constituição*. 6. ed. São Paulo: Revista dos Tribunais, 2013, p. 88.

[31] SARLET, Ingo Wolfgang. *Dignidade da pessoa humana e direitos Fundamentais na constituição de 1988*. 9. ed. Porto Alegre: Revista do Advogado, 2012, p. 34.

[32] *Idem*, p. 36.

[33] MELLO, Sebástian Borges Albuquerque de. *O conceito material de culpabilidade*. Salvador: Juspodivm, 2010, p. 26-28.

A história possui diversos relatos de desigualdades entre homens e mulheres, demonstrando que para esses havia diferentes posições e valores nas sociedades em que viveram. A mulher reiteradamente ocupou papel de objeto e de meio para o alcance dos objetivos sociais das instituições patriarcais. Não possuía cidadania na Grécia Antiga e, por isso, além de se submeter ao poder marital, não tinham o direito de votar.[34]

Na Idade Média, clérigos como São Paulo, Santo Agostinho e São Tomás de Aquino, apregoavam discursos nos quais as mulheres eram esboçadas como seres inferiores, frágeis criaturas que demandavam a proteção e o direcionamento masculino.[35]

Para José Rivair Macedo,[36] os clérigos suprarreferidos elaboraram duas imagens femininas essenciais, sendo a primeira a da mulher má, estereótipo pautado na figura bíblica de Eva, e a segunda, baseada na figura materna de Maria, a de uma mulher boa, tão pura e imaculada que o ente mais importante de suas crenças a teria escolhido para carregar o maior ícone da religião Cristã.

Segundo Macedo, Eva teria sido interpretada como criatura derivada da criação original, ou seja, fora criada à semelhança de Adão, que, por sua vez, correspondia à imagem do próprio Deus. Assim, a mulher, que se tratava apenas da "imagem da imagem", era, por correspondência lógica, naturalmente inferior ao homem e assim tratada.

Não obstante tais diferenciações que existiram ao longo da história, a dignidade da pessoa humana, em sua perspectiva atual, deriva do imperativo categórico kantiano segundo o qual, o homem, enquanto ser racional, deveria ser valorizado pela sua essência humana, e não por seu status social. A partir desse pensamento, o indivíduo começa a possuir valor intrínseco a essa condição e não por outras funções que exerça ou espaços que ocupe, vedando-se, pois, a objetificação do ser humano, ou seja, a sua coisificação.

Deriva desse pensamento a ideia que impossibilita a compreensão do sujeito como meio, haja vista sua condição inexorável de constituir uma finalidade que se esgota em si mesma.

---

[34] ARISTÓTELES. *A Política*. Trad. Roberto Leal Ferreira. São Paulo: Martins Fontes, 1998, p. 14.
[35] NASCIMENTO, Maria Filomena Dias. Ser Mulher na Idade Média. *Textos de História*, 1997, p. 20.
[36] MACEDO, José Rivair. *A mulher na Idade Média*. 2. ed. São Paulo: Contexto, 1990, p. 39.

## Segundo Kant,[37]

[...]o homem, e em geral todo ser racional, existe como fim em si, não apenas como meio, do qual esta ou aquela vontade possa dispor a seu talento: mas, em todos os seus atos, tanto nos que se referem a ele próprio, como nos que se referem a outros seres racionais, ele deve sempre ser considerado ao mesmo tempo como fim. Todos os objetos das inclinações têm somente valor condicional, pois que, se as inclinações e as necessidades que delas derivam, não existissem, o objeto delas seria destituído de valor. Mas as próprias inclinações, como fontes das necessidades, possuem tão reduzido valor absoluto que as torne desejáveis por si mesmas, que o desejo universal de todos os seres racionais deveria consistir, antes, em se poderem libertar completamente delas. Pelo que é sempre condicional o valor dos objetos que podemos conseguir por nossa atividade. Os seres, cuja existência não depende precisamente de nossa vontade, mas da natureza, quando são seres desprovidos de razão, só possuem valor relativo, valor de meios e por isso se chamam coisas. Ao invés, os seres racionais são chamados pessoas, porque a natureza deles os designa já como fins em si mesmos, isto é, como alguma coisa que não pode ser usada unicamente como meio [...].

A impossibilidade de tratar os seres humanos como meio para o alcance de objetivos, assim como a necessidade de considerá-los como incondicional e igualmente valiosos entre si desencadeia uma repercussão necessária: o respeito à autonomia individual.

Perceba-se que, ao se considerar todos os indivíduos igualmente racionais, valiosos e impassíveis de objetificação, não há como se considerar que um sujeito possui, em relação aos demais, maior capacidade de compreensão, maior valor em suas ponderações e pensamentos. Com isso, o imperativo da dignidade consequentemente acarreta o imperativo do respeito à autonomia individual, pois embora não possa haver uma imposição exterior ao sujeito, uma vez que não existem capacidades preponderantes de racionalidade, o potencial racional do indivíduo pode e deve ser considerado para determinar os rumos de sua própria existência.

Segundo Ricardo Maurício Freire Soares, a dignidade da pessoa humana é um dos poucos consensos teóricos do mundo contemporâneo que desponta como axioma da civilização ocidental, cuja ideologia permaneceu no início do novo milênio, o qual

---

[37] KANT, Immanuel. *A metafísica dos costumes*. São Paulo: Edipro, 2003, p. 28.

influenciou, inclusive, o sistema constitucional brasileiro, tendo sido inspirado pelos discursos emancipatórios de respeito à dignidade intrínseca do ser humano.[38]

Com a mudança no discurso filosófico e a ascensão do conceito kantiano de autonomia, aplicado inclusive à Constituição Federal de 1988, as diferenciações culturalmente estabelecidas entre homens e mulheres não podem mais se justificar, assim como a diferenciação entre mulheres honestas, virgens e as prostitutas. O valor de cada sujeito deve ser reconhecido como inerente à sua condição humana e, por consequência lógica, sua autodeterminação deve ser respeitada. Não se pode permitir um discurso de superioridade e de imposição das vontades, da dominação dos homens sobre as mulheres, ou uma atribuição diferenciada de valor à violação promovida ao corpo de mulheres com comportamentos sociais distintos, afinal: "autonomia e dignidade estão, [...], intrinsecamente relacionados e mutuamente imbricados, visto que a dignidade pode ser considerada como o próprio limite do exercício do direito de autonomia, ao passo que este não pode ser exercido sem o mínimo de competência ética".[39]

A substituição de bem jurídico desencadeada pela Lei nº 12.015/09 forçou a mudança de perspectiva. A partir do momento em que o valor protegido deixa de ser a liberdade sexual sob a ótica dos costumes e passa a ser a liberdade sexual sob o viés da dignidade sexual, em que pese comportem o mesmo signo, não carregam o mesmo significado.

Verifica-se, inclusive, que a modificação do bem jurídico promovida em 2009 está em harmonia com a própria construção teórica contemporânea de bem jurídico, que, segundo Claus Roxin, visa limitar o poder de intervenção do Estado, impedindo que o mesmo tutelasse meras convicções políticas, morais, religiosas ou ideológicas. O bem jurídico, para Roxin, tem como finalidade, inclusive, expurgar do diploma penal as concepções moralizadoras dos crimes sexuais, substituindo o título de "delitos e contravenções contra a moralidade", por "fatos puníveis contra a

---

[38] SOARES, Ricardo Maurício Freire. *O princípio da dignidade da pessoa humana: em busca de um direito justo*. São Paulo: Saraiva, 2010, p. 135.

[39] SARLET, *Op. cit.*, p. 40

autodeterminação sexual", considerando condutas atentatórias à moral impuníveis.[40]

Como demonstrado no subtópico anterior, o rótulo atrelado aos costumes, vinculava a apreciação do delito à moral vigente, permitindo que pessoas que não se adequavam a ela ficassem excluídas do âmbito de proteção. A violação à autodeterminação, autonomia e liberdade sexual fora renegada por muitos anos, e a diferenciação entre os crimes tomava como base para imputação e dosimetria da pena não os referidos aspectos, mas as condições que tornavam uma mulher, sob a ótica de uma estrutura patriarcal e machista, mais digna que a outra.

Sob o novo prisma, pouco importa a natureza da pessoa violada, seja na perspectiva de existência do delito, seja na perspectiva de gravidade do mesmo, pautando-se, ao contrário, na aferição da transgressão da autodeterminação sexual e na ruptura da liberdade de se determinar enquanto pessoa capaz e racional.

Essa é a compreensão apresentada por Luiz Regis Prado ao afirmar que o bem jurídico tutelado pelo referido dispositivo "é a liberdade sexual da pessoa em sentido amplo (inclusive sua integridade e autonomia sexual)".[41] Para o autor, trata-se do delito que tutela o respeito ao livre consentimento ou formação de vontade em matéria sexual.

Essa opinião é compartilhada por Guilherme de Souza Nucci, segundo o qual "o estuprador subjuga a vítima, a ponto de lhe tolher a liberdade de querer algo [...] além de lhe invadir a intimidade, por meio de relação sexual forçada",[42] motivo pelo qual o autor aponta o referido delito como sendo um constrangimento ilegal específico.

Compartilhando da mesma opinião, Cesar Roberto Bitencourt descreve como sendo o bem jurídico protegido pela norma a liberdade sexual da pessoa, seja ela do gênero masculino ou feminino. Além disso, haveria o direito destas de exercer suas respectivas sexualidades de maneira livre. Essa liberdade deve

---

[40] ROXIN, Claus. *A proteção de bens jurídicos como função do Direito Penal*. 2. ed. Porto Alegre: Livraria do Advogado, 2013, p. 12-13.

[41] PRADO, Luis Regis. *Curso de Direito Penal brasileiro*. 13. ed. São Paulo: Revista dos Tribunais, 2014, p. 1025.

[42] NUCCI, Guilherme de Souza. *Crimes contra a dignidade sexual*. 5. ed. Rio de Janeiro: Forense, 2014, p. 30.

abarcar não apenas o direito de aceitar ou de querer manter uma relação sexual, como também a liberdade de não querer submeter-se ao sexo, ainda que com pessoas com as quais naturalmente se manteria uma relação carnal com frequência e naturalidade. Para Bitencourt, "o bem jurídico protegido continua sendo a liberdade individual, mas na sua expressão mais elementar: intimidade e privacidade".[43] [44]

De igual modo, a possibilidade de manutenção das relações sexuais não está mais atrelada à licitude moral da atividade, mas ao juízo de realização individual de cada uma das partes envolvidas no ato. Isso significa que existe liberdade para a prática de relações imorais, adulteras, relações sexuais pouco convencionais, como as praticadas em grupo, ou mesmo ofensivas ao pudor público objetivo (desde que não seja em local exposto ao público, pois, do contrário, irá configurar o crime de ato obsceno). Existe ainda a liberdade para a realização de atos sexuais que desrespeitem a finalidade social do sexo. Os atos voluptuosos, lascivos, de satisfação da concupiscência, desde que não transgridam o comando de autodeterminação pessoal, exercido com exclusividade pelo próprio indivíduo de forma livre e consciente.

O fato de constituir o estupro um crime que possui como essência a violação de uma liberdade individual que afeta a intimidade e a privacidade de sua vítima faz com que não existam espaços, como na legislação pretérita, para que se permita interferência ou juízo de valor extrínsecos ao titular do bem, na formação da compreensão de violação. Ou seja, havendo violência ou grave ameaça para a prática de atos libidinosos, independentemente da gravidade abstrata da ação, deve-se ouvir o titular do bem, pois se faz necessário identificar se a autodeterminação deste foi efetivamente corrompida, afinal, trata-se de delito que tutela a dignidade sexual, sendo imprescindível a efetiva constatação do constrangimento.

---

[43] BITENCOURT, Cesar Roberto. *Tratado de direito Penal*: parte especial 4. 9. ed. São Paulo: Saraiva, 2015, p. 47-48.

[44] Diversos outros autores coadunam com a posição sustentada em relação ao crime de estupro consistir a um ilícito penal que tutela a liberdade individual, tratando-se de um crime de constrangimento especial, por estar relacionado ao constrangimento para a prática do ato sexual, especificamente. Podem ser apontados: ESTEFAN, André. *Direito Penal Parte Especial*. V. 2. São Paulo: Saraiva, 2017, p. 707.

Esse delito, apesar de consistir em ação voltada para a prática de atos libidinosos, antes de se tratar de conduta destinada à satisfação de lascívia, personifica uma ação de domínio, de subjugo de um ser pelo outro. Assim como bem destacado por Bitencourt, o estupro viola a acepção mais delicada da liberdade individual do ser humano, submetendo seu titular à mais fulminante invasão do ser e relativização da dignidade.

## 2.2 O estupro como delito de poder

Engana-se quem acredita que o estupro é um delito meramente sexual. Não se trata de uma questão de satisfação de libido, de necessidades fisiológicas. Os números e os fatos são capazes de demonstrar que o estupro, como regra, é mais que uma mera satisfação de lascívia forçada. Trata-se, principalmente, de uma demonstração de poder.

Apesar de ser possível apontar, juridicamente, homens e mulheres como sujeitos passivos e ativos do delito, os números demonstram uma predominância de vítimas do gênero feminino e autores do gênero masculino.

Segundo os dados publicados em 2017 pelo Instituto de Pesquisa Econômica Aplicada (IPEA), cerca de 94,1% dos casos de estupro registrados pelo Sinan,[45] em 2014, foram cometidos por homens[46] e, aparentemente, todos os casos apresentados pelo levantamento tinham como vítima mulheres. De fato, tal situação não pode garantir que homens não sejam alvo de delitos da espécie, percebe-se, porém, que o número de casos é inexpressivo o suficiente para não alcançar os dados levantados pelo instituto entre os anos de 2011 e 2017.

Deve-se, sempre, considerar as chamadas cifras ocultas, mas, sem dúvida, as mulheres e demais pessoas do gênero feminino são os principais alvos do delito em questão.

Apenas para ilustrar, a Secretaria Nacional de Segurança Pública (Senasp) computou, em 2013, o total de 52.775 registros

---

[45] Sigla para Sistema de Informação de Agravos de Notificação.
[46] Relatório IPEA, p. 17.

de estupro no Estado brasileiro, destacando-se nesse panorama a cidade de São Paulo, com 12.054 registros; Rio de Janeiro, com 5.613 registros; e Bahia, com 5.728 registros de estupro.[47] Essa situação não ocorre apenas no Brasil. Segundo levantamento publicado pelo Ministerio de la Presidência, Relaciones con las Cortes e Igualdad do governo da Espanha, por exemplo, enquanto 8.018 casos de crimes sexuais contra as mulheres foram registrados naquele país, em 2017, dos quais 1.313 foram classificados como agressão sexual e 906 como agressão sexual com penetração; no mesmo período, apenas 1.491 crimes sexuais foram praticados contra homens, sendo 118 classificados como agressões sexuais e apenas 68 como agressões sexuais com penetração. A diferença de registro é gritante. O número de casos de agressões sexuais contra mulheres é 10 vezes maior que o número registrado para os homens, ao tempo em que o número de agressões acompanhadas de penetração é 13 vezes maior quando as vítimas são mulheres.

Analisando de uma perspectiva macro, enquanto pode ser computado um número de 681 agressões sexuais com penetração contra homens, ocorridas dos anos de 2010 a 2017, uma média de 85 casos por ano; em relação às mulheres, esse número sobe para 7.393 casos, computando-se uma média de 924 casos por ano. Ou seja, em oito anos, o número de registros totais de agressões sexuais com penetração contra homens, na Espanha, conseguiu ser inferior à média de registros anual do mesmo tipo de violência contra as mulheres.

Em Portugal, os índices de ocorrência permanecem altos e com uma considerável diferença quantitativa entre vítimas do gênero masculino e feminino, reforçando, assim, a concepção de que o estupro é fomentado e fortalecido por uma atmosfera de controle do feminino pelo masculino.

De acordo com a Associação Portuguesa de Apoio à Vítima, nos anos de 2015, 2016 e 2017, só a instituição acompanhou, respectivamente, 477, 748 e 898 casos de crimes sexuais contra mulheres no Estado de Portugal, ao tempo em que, nas mesmas

---

[47] BRASIL. Disponível em: https://dossies.agenciapatriciagalvao.org.br/dados-e-fontes/pesquisa/relatorio-consolidado-de-ocorrencias-de-estupros-registrados-pela-policia-civil-senasp-2015/. Acesso em: 15 jan. 2019.

épocas, o número de homens vitimados foi de 57, 64 e 80 casos noticiados. O relatório estipula que cerca de 92% das pessoas vitimadas são do sexo feminino quando adultas e que esse percentual é de 79,1%, quando crianças. Além disso, segundo o estudo, 95% dos autores são do sexo masculino, tendo sido registradas apenas 14 ocorrências em 2013; 18 casos em 2014; 21, em 2015; 29, em 2016; e 32 delitos praticados por mulheres em 2017. Enquanto isso, só em 2013, 488 crimes sexuais foram praticados por homens, 585, em 2014; 670, em 2015; 811, em 2016; e 968, em 2017.[48]

Diante de tais dados, é possível se afirmar que as mulheres são as vítimas mais comuns dos delitos sexuais, entre os quais está incluso o estupro, enquanto os homens costumam ser os autores dos respectivos delitos.

Ocorre, no entanto, que as taxas acima expostas possuem reflexo do tipo de crime e do tipo de ideologia de gênero que ainda predomina nas sociedades. O homem e a mulher que são moldados pela ideologia estrutural de tais espaços.

O famoso "meninos vestem azul e meninas vestem rosa", proferido em meio a aplausos pela ministra da Mulher, Família e Direitos Humanos do Estado brasileiro, em 2019, consiste em muito mais que uma frase inocente de uma representante de governo proferida durante um mergulho inconsciente em sua ignorância. Representa, em verdade, o primeiro degrau de delimitação dos seculares papéis sociais, nos quais as mulheres foram inadvertidamente colocadas e que, sem dúvida, defere ao homem um espaço garantido de poder. Este é exercido sobre as pessoas do gênero feminino para que sustentem e suportem uma política de dominação e submissão que acaba fomentando a vitimização das mulheres pelo crime de estupro.

A construção de todo o sistema é pautado em tais premissas e, ainda no século XXI, estruturas políticas, religiosas e jurídicas contribuem direta e indiretamente para que o *status quo* dominante não seja alterado, motivo pelo qual, no próximo subitem será desenvolvido um estudo, não exaustivo, sobre tais estruturas que

---

[48] Associação Portuguesa de Apoio à Vítima. Estatística APAV: Crimes Sexuais 2013-2017. Disponível em: https://apav.pt/apav_v3/images/pdf/Estatisticas_APAV_Crimes_Sexuais_2013-2017.pdf. Acesso em: 07 de jul. 2019.

amparam a construção e manutenção do poder do gênero masculino sobre o feminino.

## 2.2.1 A estrutura de poder

À primeira vista, sustentar uma estrutura de poder que mantém o gênero masculino como sujeito dominante na sociedade contemporânea pode soar como uma teoria da conspiração. O levantamento dos aspectos sociais, políticos, educacionais, morais ou mesmo sexuais que amparam essa tese pode aparentar o reflexo de um estado de paranoia cuja única finalidade consiste na criação de uma teoria da vitimização. Isso poderia ser uma verdade, mas os fatos mostram o contrário.

Na contemporaneidade, o problema se inicia com o nascimento da criança. Aprende-se, desde muito cedo, que meninos vestem azul. Junto à cor de suas roupas existe um rol de hábitos permitidos e proibidos para esse indivíduo que não levam em consideração sua capacidade física e mental para que tais comportamentos sejam atribuídos ou tolerados, mas tão somente o órgão sexual com o qual nascera. Igualmente, espera-se desse sujeito que sua personalidade seja moldada dentro de limites masculinizados. Ocorre, porém, que nada disso é inerente à sua condição biológica.

Como bem pontuado por Judit Butler, não existe uma relação necessária entre sexo e gênero, mas o segundo é delimitado para o agente desde o início, através dos contextos e dos discursos nos quais são limitados e formados.[49]

No mesmo caminho, Simone de Beauvoir afirmava que "nenhum destino biológico [...] define a forma que a fêmea humana assume no seio da sociedade", pelo contrário, "é o conjunto da civilização que elabora esse produto intermediário entre o macho e o castrado, que se qualifica de feminino".[50]

Nessa sociedade na qual os gêneros, assim como a sexualidade são imposto, se o sujeito nasceu com um pênis, usará azul, brincará

---

[49] SALIN, Sara. Judit Butjer e a teoria Queer. Tradução e notas Guacira Lopes Louro. 1. ed. Belo Horizonte: Autêntica, 2015, p. 66-69.

[50] BEAUVOIR, Simone. *O segundo sexo*. 1980, v. 2, p. 9

de "bola", de correr, de bicicleta, de policial, de bombeiro, de astronauta, de cientista, será prematuramente cientificado dos prazeres do corpo e terá alguma esfera de liberdade de ação. A criação dos homens é pouco permeada de advertências moralizantes e castradoras. Não existem grandes problemas com as roupas que vestem, não há a demonização de sua nudez, não existem problemas com as partes do corpo que mostram, com a quantidade de namoradas(os) que tiverem ao longo da vida. Os homens não enfrentam problemas com a forma ou quantidade de pessoas com as quais decidem manter relações sexuais. Eles são ensinados a viver sem amarras sociais limitantes, ou, pelo menos, com muito mais liberdade que a deferida ao gênero feminino.[51]

Em muitas casas da sociedade brasileira, os homens podem ir a tantas festas quanto seu dinheiro puder pagar e chegar tão tarde em seus lares quanto seus olhos conseguirem permanecer vigilantes. Podem beber, confraternizar, podem quase tudo.

Ao se nascer com uma vagina, a cor imposta é a rosa e, com ela, seus legados. A pessoa com a genitália feminina é socializada para que desenvolva comportamentos dóceis e apaziguadores, é desestimulada ao uso da razão e ao exercício do poder.[52] As mulheres aprendem desde cedo uma extensa lista de restrições morais: não podem ter muitas relações amorosas, não devem beber demais, não podem chegar tarde em casa, não podem vestir roupas apertadas, curtas, transparentes, não podem manter seus corpos à mostra, não devem utilizar palavras de baixo calão, tampouco manter amizades masculinas ou sair sem companhia.

---

[51] É importante salientar que não se ignora aqui o determinismo já tão discutido e refletido que recai sobre os homens, assim como sobre as mulheres, lhes impondo um comportamento "másculo", também bastante prejudicial. Ainda que diante desse cenário, é necessário perceber que o comportamento imposto aos homens é prejudicial por ser imposto, mas diante do sexo feminino, a imposição é muito mais gravosa, na medida em que impõe um lugar inferior, submisso, limitante, de descrédito, nunca de sujeito, mas de objeto. Ao homem impõe-se que assuma um espaço de poder que pode não ser querido, mas a este se reconhece a capacidade de autonomia, de liderança, independência, este, sim, é tratado pela sociedade como sujeito. O lugar imposto à mulher é o lugar de coisa, que não tem direitos próprios, vontade própria. A mulher sem um homem é comumente tratada como a coisa sem dono, o objeto sem sujeito. É *a res nulios*, que qualquer pessoa pode se apoderar sem que isso seja ilícito e o objeto nada tem a se manifestar sobre isso, pois é necessário ser sujeito de direito, para tanto.

[52] SAFFIOTI, Heleieth. *Gênero, patriarcado e violência*. São Paulo: Fundação Perseu Abramo, 2015, p. 35.

Suas brincadeiras são direcionadas. Dificilmente uma mulher ganha um carro de brinquedo, uma bicicleta ou uma bola. Brinquedos ofertados às meninas são bonecas, fogões, geladeiras, louças em miniatura, pois há um condicionamento social para atrair a mulher ao ambiente doméstico. Para o homem, pelo contrário, o "brincar de casinha" é quase proibido, há outro universo de possibilidades, mas, para as mulheres, o lúdico é utilizado para lhe aproximar dos segredos do lar e dos produtos de um matrimônio.

Aliás, o matrimônio deve representar a maior indústria do mundo de consumo, uma vez que os filmes e os meios de entretenimento voltados às pessoas do gênero feminino parecem fomentar reiteradamente a necessidade de uma mulher se submeter a um casamento perfeito e à reprodução. As crianças do gênero feminino são induzidas desde muito cedo a cultivar dentro de si tal suposto objeto de desejo.

Uma busca breve em torno dos desenhos animados direcionados para ambos os gêneros, é possível perceber uma considerável diferença de foco na construção social de cada um. A Disney, empresa mundialmente famosa pelos desenhos que produz, passou anos criando princesas indefesas, coadjuvantes da própria estória e salvação, muitas com o único propósito de encontrar ou ser encontrada por seu príncipe encantado, contando estórias que resumiam a vida de seus personagens à empreitada por um casamento ou amor perfeito. Podem ser apontadas diversas personagens: Cinderela, Branca de Neve, Bela Adormecida, A Pequena Sereia, A Bela e a Fera.

Em uma breve análise, *Branca de Neve*, um dos desenhos mais antigos da Disney, mostra uma rivalidade entre duas mulheres criada pelo posto da beleza, justificando, inclusive, que para ser considerada a mais bela do reino, a madrasta "malvada" determinasse a morte da personagem principal. Para além disso, Branca de Neve é obrigada a fugir e acaba sendo acolhida por sete anões. "Branca", ao chegar na residência dos anões (sete "homens"), arruma a casa, cozinha e cuida dos mesmos, reforçando o estereótipo da época, ainda muito presente, que exibia a mulher como mãe, como mulher, como "rainha do lar" e, preferencialmente, muda, já que o número de falas da personagem no filme apresenta-se completamente inexpressivo.

Em 1989, o filme *A Pequena Sereia* conta a história de Ariel, uma sereia que desejava ser humana, mas embora ela expressasse esse desejo durante toda a trama, a mesma só desafiou as regras de seu mundo e se lançou nessa empreitada quando foi encorajada por um amor. Ela abandonou seu pai, familiares, amigos e o seu mundo pelo desejo de viver ao lado de um homem que deveria se apaixonar por ela em razão de sua beleza, exclusivamente, pois o feitiço que a permitiu possuir pernas e viver fora da água retirou-lhe a voz.

Bastante intrigante é o valor intrínseco que é dado pelo enredo à necessidade de expressão e capacidade de conversação entre homem e mulher, como se tal aspecto fosse totalmente desnecessário. Ouvir suas ideias e compreender seus pensamentos seria dispensável se sua beleza fosse suficiente. Bastava que fosse bela, era a mensagem transmitida.

Em 1990, o filme *Aladdin* apresenta a princesa Jasmine, coadjuvante da estória. A personagem, ostentando uma beleza padronizada, com contornos corporais bastante harmônicos, reafirma, de pronto, a necessidade do cumprimento de um padrão estético mínimo. Jasmine era uma princesa que demonstrava uma necessidade de viver sua própria vida e um desejo reprimido em empreender fuga para fora do castelo, além de timidamente recusar-se a se submeter a um casamento arranjado.

À época, a Disney não permitiu que Jasmine contrariasse os desígnios de seu pai, fazendo com que o pobre Aladdin conquistasse a confiança do Sultão e recebesse a autorização para casar com sua filha.

Em 1991, *A Bela e a Fera* apresentou uma personagem que não queria viver em uma pequena aldeia da França. Bela possuía gosto pela leitura e desfrutava da atenção costumeira do "garanhão" local, mas ainda tinha prazeres por contos de fadas, com príncipes e interesses "comuns" de uma "menina". Na música da abertura do filme encontramos o seguinte refrão:

> [...] essa garota é muito esquisita, o que será que há com ela? Sonhadora criatura, tem mania de leitura. É um enigma para nós a nossa bela. [...] o nome dela quer dizer beleza, não há melhor nome pra ela. Mas por trás dessa fachada, ela é muito fechada. Ela é metida a inteligente, não se parece com a gente... se há uma moça diferente é Bela [...].

Bela era considerada "esquisita" por se dedicar ao hábito da leitura e ser "metida" a inteligente, mas o que se destaca é a quantidade de vezes que os personagens ressaltam a beleza da protagonista. Bela, porém, não deseja nada mais que um casamento com alguém que, segundo ela, a entenda. E mais uma vez o desenho animado conta a estória de um grande amor, e a Fera, enfeitiçada, se transforma em príncipe, desposando a personagem principal.

Ironicamente, a "Fera" é grosseira, desajeitada, descuidada, pouco amistosa, ao tempo em que "Bela" é meiga, doce, prestativa, possuidora de uma fala suave e capaz de acessar a "Fera" para torná-la mais receptiva.

Durante muitos anos, o padrão das animações exibidas para as mulheres incutia em seus imaginários uma vida de contos de fadas, na qual as mulheres tinham como principal tarefa a busca por um bom marido e a representação de uma genuína princesa. A mulher deveria ser bela, virtuosa, sonhadora, de fala macia, sempre gentil, sorridente, obediente, levando uma vida sem aventuras, mas geralmente com sacrifícios.

Sacrifícios executados pela beleza, pela família, pelo pai, pelo amor. Suas prioridades geralmente em segundo plano e seu casamento como meta de vida quase que absoluta, a história da humanidade proporciona essa representação feminina.

Rodolfo Bastos e Joanna Nogueira, ao analisarem o filme *Cinderela*, concluem que os contos de fada, a partir das narrativas aparentemente inocentes, acabam servindo como mecanismos de reprodução de estereótipos masculinos e femininos. Segundo os autores, os contos subsidiam a supremacia do gênero masculino, impondo papéis e atitudes que reforçam a subordinação feminina. Identificam Cinderela como um modelo de representação feminina muito bem delimitada e condizente com o perfil idealizado para a "mulher perfeita", ao menos para a sociedade patriarcal: uma moça submissa, dócil, virtuosa e prendada, incapaz de apresentar qualquer sinal de rebeldia, que precisa suportar humilhações e forças exteriores que lhe guiem até o príncipe, ao tempo em que o homem representaria a sua salvação e meio para alcance da felicidade.[53]

---

[53] BASTOS, Rodolpho Alexandre Santos Melo; NOGUEIRA, Joanna Ribeiro. Estereótipos de gênero em contos de fada: uma abordagem histórico-pedagógica. *Revista de História*

Marilena Chauí, ao referir-se aos contos de fada, em que pesem os representados em livros e não em desenhos animados, como os que foram levantados aqui, destaca que nesses a sexualidade feminina é apresentada como algo doloroso, mas que sempre há a compensação com a maternidade. A autora ainda destaca que os contos:[54]

[...] possuem um aspecto pedagógico que reforça os padrões da repressão sexual vigente, uma vez que orientam a criança para desejos apresentados como permitidos ou lícitos [...]. Reforçam, dessa maneira, inúmeros estereótipos da feminilidade e da masculinidade [...]

No que diz respeito aos filmes da Disney, é imprescindível salientar que a empresa só inaugurou um novo tipo de protagonista infantil com o lançamento de *Mulan*, em 1998, que contava a história de uma moça, em idade de se casar, vivendo em um ambiente machista, onde as mulheres uniam-se aos homens para dar à família a honra necessária. Para tanto, se submetiam aos homens, abstendo-se, inclusive, de se expressar na presença destes. Ocorre, todavia, que a personagem não possuía os dons necessários para o matrimônio segundo a tradição vigente e, diante da intimação para que seu pai se apresentasse para lutar na guerra, a personagem se disfarçou de soldado e se dirigiu para o campo de batalha, salvando a China.

Nessa narrativa, embora a figura do marido ainda persista na trama, e a mulher perfeita seja aquela "calma e reservada, refinada, equilibrada e pontual",[55] que sabe cumprir seus deveres de dona de casa e esposa, Mulan aparece na trama rompendo esses rótulos, sem se apresentar como mera coadjuvante, posição comumente dispensada à figura feminina nos desenhos animados do tipo. Ela, ao contrário das personagens que a precederam, tornou-se o centro da trama, da inteligência da batalha e da vitória, com reconhecimento dado pelo imperador da China.

---

*da Ufes*, n. 36, Espírito Santo, 2016, p. 20 Disponível em: http://www.periodicos.ufes.br/dimensoes/article/view/13864/9817. Acesso em: 07 jul. 2019.

[54] CHAUÍ, Marilena. *Repressão Sexual*: essa nossa (des) conhecida. São Paulo: Brasiliense, 1984, p. 32

[55] Trecho retirado de uma passagem do filme onde Mulan precisa decorar as qualidades de uma boa moça.

Após *Mulan*, a Disney demorou mais de uma década para que esse novo tipo de personagem e demonstração feminina reaparecesse em seus filmes. O filme *Valente* reinaugura esse perfil contando a estória de uma princesa da Escócia que não conseguia se adequar aos padrões femininos impostos ao seu gênero em razão do seu sexo e seu posto. A personagem, por não desejar um marido entre os príncipes que se apresentam como pretendentes, acaba entrando em conflito com sua mãe.

O filme faz referências críticas à estrutura na qual as mulheres são submetidas a todo tempo. As vestes apertadas e imobilizantes, os modos que as mulheres devem aprender e reproduzir, as brincadeiras que estão autorizadas a brincar, as obrigações que são compelidas a carregar, ainda que não desejem e, o mais importante: a obrigação de não ser ou aparentar ser mais competente que os homens que a rodeiam.

Por outro lado, os filmes masculinos quase sempre apontam situações de aventura, nas quais os homens se encontram inseridos em batalhas, sendo responsáveis pela salvação do mundo. A figura masculina nesses desenhos é sempre exibida com personalidade forte, sagaz, corajosa, inteligente, capaz de utilizar sua força física, de se mostrarem ativos. Quando inseridos em ambiente familiar, os personagens masculinos são expostos como os salvadores ou provedores, sujeitos que se submetem ao trabalho externo, mas nunca em casa. Há ainda exibições que apresentam a figura masculina com uma inteligência maliciosa, mas não necessariamente ética, sem que qualquer crítica seja expressa por isso.

É outro foco, outra forma, outro comportamento social sendo moldado. Enquanto as mulheres aprenderam ao longo dos anos a ter uma personalidade pacata e submissa, os homens foram incentivados a travar batalhas e impor sua vontade e opinião, ainda que seja pelo uso da força ou de comportamentos reprováveis. Os desenhos mais famosos seguem essa linha: Pica-Pau, Pernalonga, Pokémon, Cavaleiros do Zodíaco, Simpson, Flintstones, etc. Dos mais novos aos mais antigos, as representações são sempre de superioridade.

Estas, porém, além de influenciar no imaginário das crianças em formação, na medida em que expõem um modelo de comportamento a ser seguido, são o reflexo do pensamento questionável de nossa sociedade e da formação de nossas estruturas, as quais possuem heranças milenares. A submissão feminina não foi algo inventado pelo século XXI.

A *Bíblia*, em suas primeiras passagens, apresenta a mulher como a "ajudadora idônea", criada da costela do homem e entregue a este para que, como todas as demais criaturas do Éden, fosse nomeada por ele. Além disso, Eva, a primeira mulher, após experimentar do fruto proibido, é dada ao marido que a dominaria como castigo, segundo o próprio Senhor.

Nota-se que a figura feminina foi exposta, por um dos livros mais importantes da história, como o ser que desgraçou a humanidade, supostamente levando Adão a ingerir o fruto proibido, em que pese não existam indícios de qualquer ato de indução. Pergunta-se, apenas pelo amor ao debate: caso fosse Adão realmente mais capaz que Eva, dotado de razão, como muitos já suscitaram, não deveria este se abster de qualquer ação, ao invés de colocar a culpa em sua companheira por um ato voluntário seu?

Os referidos escritos serviram para que a mulher passasse a ter duas conotações básicas nas comunidades cristãs: a de submissa natural e a de objeto de perversão, a criadora do caos, do mal, responsável pelos castigos.

Rose Meire Muraro faz uma interessante análise do mito da Gênese, considerando que este é capaz de influenciar tanto os sujeitos que creem, quanto os que não creem, pois considera que sua importância não reside na história que conta, mas na estrutura psíquica que ele produz, opinião similar à exposta por Chauí sobre os contos de fadas.

Para Muraro, o mito da criação da mulher derivada de uma costela masculina nada mais é que um deslocamento para revelar implicitamente a superioridade, sem que a intensão fique explícita. É Deus, ente do gênero masculino, criando o primeiro ser humano – um homem – e desse ser gerando a mulher. Nesses moldes, salienta a autora, incute-se a ideia de que, apesar de igual, a mulher seria sempre submissa, reforçando o patriarcado, que consiste em estrutura de dominação que se utiliza do verbo, da palavra e do discurso para construir socialmente uma estrutura biológica que ampararia naturalmente a dominação entre os sexos.[56]

Essa é, inclusive, a opinião de Evelyne Sullerot, para quem a estrutura social de dominação construída é pautada em "sinais artificiais que designam um sexo" e que essa estruturação forçada se torna evidente quando se percebe que não se produzem uniformemente entre as civilizações, sendo as mesmas mantidas, exclusivamente, pelo conformismo social sustentado pelos costumes.[57]

Infelizmente, as contribuições nocivas não se esgotam nesse ponto. A *Bíblia* relata reiteradamente a ausência de valor da mulher, como se a mesma fosse descartável, somente sendo imprescindível na atividade de procriação, sem a qual o texto não lhe deferiria maiores perspectivas. Exemplo disso é a passagem de Juízes 19, na qual um grupo de homens dirige-se até a casa de um ancião e exige que o homem que ele havia acolhido fosse posto para fora a fim de ser estuprado, ao tempo em que o ancião oferece a concubina do homem e sua filha virgem, para preservar a integridade deste. *In verbis*:

> [...] Enquanto eles alegravam o seu coração, eis que os homens daquela cidade, filhos de Belial, cercaram a casa, bateram à porta, e disseram ao ancião, dono da casa: Traze cá para fora o homem que entrou em tua casa, para que o conheçamos. 23 O dono da casa saiu a ter com eles, e disse-lhes: Não, irmãos meus, não façais semelhante mal; já que esse homem entrou em minha casa, não façais essa loucura. 24 Aqui estão a minha filha virgem e a concubina do homem; fá-las-ei sair; humilhai-as a elas, e fazei delas o que parecer bem aos vossos olhos; porém a esse homem não façais tal loucura. 25 Mas esses homens não o quiseram ouvir; então aquele homem pegou da sua concubina, e lha tirou para fora. Eles a conheceram e abusaram dela a noite toda até pela manhã; e ao subir da alva deixaram-na: 26 Ao romper do dia veio a mulher e caiu a porta da casa do homem, onde estava seu senhor, e ficou ali até que se fez claro. 27 Levantando-se pela manhã seu senhor, abriu as portas da casa, e ia sair para seguir o seu caminho; e eis que a mulher, sua concubina, jazia a porta da casa, com as mãos sobre o limiar. 28 Ele lhe disse: Levanta-te, e vamo-nos; porém ela não respondeu. Então a pôs sobre o jumento e, partindo dali, foi para o seu lugar. 29 Quando chegou em casa, tomou um cutelo e, pegando na sua concubina, a dividiu, membro por membro, em doze pedaços, que

---

[56] MURARO. Rose Meire. *A mulher no terceiro milênio*: uma história da mulher através dos tempos e suas perspectivas para o futuro. Rio de Janeiro: Rosa dos Tempos, 1992, p. 61-71.

[57] SULLEROT, Evelyne. *A mulher no trabalho*: história e sociologia. Rio de Janeiro: Expressão e Cultura, 1970, p. 24-25.

ele enviou por todo o território de Israel. **30** E sucedeu que cada um que via aquilo dizia: Nunca tal coisa se fez, nem se viu, desde o dia em que os filhos de Israel subiram da terra do Egito até o dia de hoje; ponderai isto, consultai, e dai o vosso parecer.[...][58]

Não fosse suficiente tal exposição brutal de sacrifício feminino em prol da preservação da integridade masculina, em Deuteronômio, 22, a mulher virgem desposada que é estuprada é punida da mesma forma como seu violador, na medida em que se presume que a mesma não gritou para chamar ajuda, já a virgem não desposada seria contemplada com casamento com seu estuprador e quem receberia uma "indenização" pela humilhação seria seu pai.[59]

As contribuições religiosas para a condição inferior e submissa da mulher não se restringiram nos escritos bíblicos. Sua leitura e interpretação por alguns estudiosos serviram para justificar e reforçar a posição social inferior e submissa que a mulher ocupou, quase exclusivamente, por séculos. Santo Agostinho, Santo Ambrósio, São Jerônimo e Tertuliano foram alguns dos religiosos conhecidos que ajudaram a difundir a ideia de que a mulher era um ser inferior e imperfeito. Suas interpretações, em conjunto com passagens da *Bíblia*, banalizaram a mulher como objeto e acabaram contribuindo para que a estrutura de dominação tenha se mantido por tantos anos.

A submissão também é encontrada nos períodos do Império, onde prevalecia a ideia de que as mulheres eram naturalmente inferiores aos homens e, por isso, acabaram sendo excluídas das funções públicas, administrativas e políticas. Segundo José Rivair Macedo, as relações femininas eram restritas ao *"domus"*, ou seja, aos interesses da casa, do marido, do pai e do sogro e quando a mesma tinha a oportunidade de se apresentar como juridicamente livre, sua liberdade encontrava como barreira os interesses familiares.[60]

Peter Brown destaca que no século II d. C., o Império Romano alocava as mulheres em posição hierárquica inferior à dos

---

[58] Bíblia Sagrada.
[59] Bíblia Sagrada.
[60] MACEDO. *Op. cit.*, p. 09.

homens sob o auxílio de argumentos hipoteticamente irrefutáveis. Nas suas palavras:[61]

[...] os rapazes das classes privilegiadas do Império Romano cresciam olhando o mundo de uma posição de domínio incontestável. As mulheres, os escravos e os bárbaros eram inalteravelmente diferentes deles e inferiores a eles. A mais patente de todas as polaridades, a de que prevalecia entre eles e as mulheres, era-lhes explicada em termos de hierarquia baseada na própria natureza. Biologicamente, diziam os médicos, os homens eram fetos que haviam realizado seu potencial pleno. Haviam reunido um excedente decisivo de "calor" e um ardoso "espírito vital" [...]. A ejaculação quente do sêmen masculino provava isso: "pois é o sêmen, quando dotado de vitalidade, que faz com que nós, homens, sejamos quentes, vigorosos nos membros, pesados, com boa voz, intrépidos e fortes no pensar e no agir". As mulheres, em contraste, eram homens imperfeitos. O precioso calor vital não lhes chegara em quantidades suficientes no ventre. Sua falta de calor as tornava mais flácidas, mais líquidas, mais frias e úmidas.

Essa diferenciação refletia em todos os aspectos da vida e, mesmo existindo códigos puritanos de retidão comportamental, o sistema encontrava brechas para que a moralidade e a lei aplicadas ao homem livre fossem totalmente diferentes daquelas aplicadas às mulheres livres. De acordo com os preceitos da época, os senhores de escravos gregos e romanos possuíam os corpos de seus escravos e, por sua vez, detinham o domínio sobre os mesmos, facultando a prática de relações sexuais, sem que qualquer tipo de represália fosse intentada.

Em contrapartida, as mulheres eram punidas, caso praticassem qualquer ação parecida.

Brown assevera que:[62]

[...] a despeito das leis rigorosas que puniam as mulheres casadas pelo adultério, a infidelidade por parte dos maridos não acarretava nenhuma punição legal e trazia muito pouca desaprovação moral. Considerava-se suficiente restringir a fidelidade "aos muros em redor da casa, e não atá-la ao próprio leito conjugal" [...] a infidelidade com as criadas

---

[61] BROWN, Peter. *Corpo e sociedade*: o homem, a mulher e a renúncia sexual no início do cristianismo. Rio de Janeiro: Jorge Zahar, 1990, p. 19.

[62] *Idem*, p. 30.

era" uma coisa que muitas pessoas consideraram perfeitamente não censurável, já que se considera que todo senhor detém o poder de usar seus servos como quiser.

As disparidades de tratamento entre os gêneros se prolongam pela história e ultrapassam culturas. O islamismo, através dos escritos do alcorão, também expõe a mulher como ser inferior ao homem, com papéis, direitos e responsabilidades diferentes, que repercutem diretamente na posição do feminino dentro das comunidades em que é dominante, o que explica os altos índices de estupro em países como Índia e Afeganistão.

O primeiro país, palco de emblemáticos crimes sexuais, possui a predominância do hinduísmo e do islamismo, ambas as religiões extremamente patriarcais, que, atreladas à cultura do referido país, enxerga as mulheres como humanos de segunda categoria, influência para que delitos como o estupro ocorram sem que seus executores sofram consequências. Nesse país, por exemplo, a figura feminina é tão negligenciada que a cultura determina que cumpram as "obrigações" domésticas antes mesmo de satisfazerem suas necessidades pessoais, ainda que fisiológicas. Devido a tal realidade, é possível encontrar relatos de mulheres que acabaram ficando doentes por evitarem defecar, haja vista a pendência de finalização de suas "obrigações".[63]

O documentário intitulado *India's Daughter*, produzido por Leslee Udwin, uma cineasta britânica, revela toda a supremacia masculina sobre a feminina e o regime de cárcere e submissão que as mulheres sofrem nesse lugar. O referido vídeo, que aborda um estupro coletivo, cometido por 6 homens, contra uma moça indiana, ocorrido em 16 dezembro de 2012, deixa claro o recurso ao crime de estupro enquanto mecanismo de poder. A explicação exposta pelo estuprador para que o evento ocorresse com a moça foi o de que a mesma não deveria estar na rua, às 20 h, acompanhada de um amigo. Por esse motivo, os estupradores claramente se sentiram no direito de implementar os abusos, sem se importar minimamente com as repercussões de suas ações.

---

[63] BRASIL. Disponível em: https://g1.globo.com/mundo/noticia/medo-de-estupro-faz-mulheres-deixarem-de-beber-agua-em-meio-a-calor-extremo-na-india.ghtml: Acesso em: 14 fev. 2019.

Como consequência do ato brutal, a estudante de medicina sofreu lesões fatais, a ponto de ocorrer a ruptura de seus órgãos sexuais e um dos estupradores retirar parte do seu intestino através da sua vagina. O poder da cultura que subjuga e impõe à mulher um padrão rígido de comportamento e posição subumana é tão forte que mesmo tomando conhecimento das lesões da jovem, o autor do delito não apresenta nenhum arrependimento. Pelo contrário, em sua concepção, a culpa foi dela, que andava à noite desacompanhada. Nas palavras de Mukesh, um dos condenados pelo crime:

> [...] uma mulher decente não anda por aí, à noite. A mulher é muito mais responsável pelo estupro do que um homem. [...] homens e mulheres não são iguais. A mulher deve fazer os serviços de casa e não ficar por ai em boates e bares à noite. [...] não sei dizer porque o incidente ocorreu, mas foi principalmente para dar uma lição.

Para M. L. Sharma, um dos advogados de defesa dos condenados:

> [...] na nossa sociedade, não permitimos que garotas saiam de casa após às 18:30 ou 19:30 ou 20:30 com um desconhecido. [...] ela não pode ficar exposta na rua feito um alimento. A 'dama', a 'garota', ou a mulher é mais preciosa que uma joia, do que um diamante, mas só você sabe como manter esse diamante seguro. Se deixar o diamante na rua, o cão vai levar. [...] amizade entre homem e mulher, lamento. Isso não existe em nossa sociedade. A mulher faz o homem pensar imediatamente em sexo. Temos a melhor cultura e nela não há espaço para uma mulher.[64]

O mesmo pensamento machista e excludente é externalizado pelo também advogado de defesa A. P. Singh, segundo o qual:

> [...] se for importante e se for necessário, ela pode sair, mas ela deve sair com parentes: com um tio, pai, mãe, avô, avó, e assim por diante. Ela não pode sair a noite com um namorado. [...] Se minha filha ou minha irmã se envolvesse em atividades pré-conjugais e se desgraçasse ou se permitisse perder o rosto ou as feições por fazer tais coisas, eu levaria essa irmã ou filha para meu sítio e diante da família jogaria gasolina nela e a deixaria em chamas.[65]

---

[64] Fala retirada de alguns trechos do documentário India's Daughter, proferida pelo advogado de defesa M.L Sharma.

[65] Fala retirada de alguns trechos do documentário India's Daughter, proferida pelo advogado de defesa AP Singh.

Para Maria Misra, escritora e historiadora da Universidade de Oxford, o estupro coletivo foi utilizado como uma mensagem, um recado, a fim de que servisse de exemplo para que outras moças não se atrevessem a realizar condutas similares, desafiadoras do sistema paternalista. O psiquiatra dos estupradores, por sua vez, é categórico ao afirmar que os acusados simplesmente se achavam no direito de praticar o fato.[66]

Tais aspectos comportamentais da cultura indiana tornam os estupros banalizados e, na maioria das vezes, impunes em razão da vergonha que causa em suas vítimas e pelo medo de retaliação. Seus eventos compelem as mulheres a se privar de necessidades básicas para evitar o fato.

Em junho de 2018, em pleno calor de quarenta graus, as mulheres passaram a reduzir deliberadamente a quantidade de água consumida por dois motivos: para não terem de sair sozinhas para buscar água e para não precisarem sair para defecar em ambientes abertos. Ambas as situações foram estimuladas pelo medo de estupros. Como nas favelas urbanas da capital não há um sistema de água encanada, as mulheres precisam andar longos trechos para buscar água, ficando submetidas a investidas de homens dispostos a violar sua liberdade sexual. Por outro lado, além de não haver água encanada, não há uma infraestrutura mínima de saneamento básico, o que as compele a fazer suas necessidades em matagais próximos à comunidade, onde se aglomeram homens à espera do momento em que tais mulheres se dirigem para evacuar. Muitas mulheres são perseguidas, constrangidas, amedrontadas e, por medo de estupros, quando se submetem a tais situações, buscam fazê-lo em grupo.[67]

Reduzindo a quantidade de água consumida, as mulheres evitavam ir buscá-la e reduziam a quantidade de fezes produzidas, mas se submetiam a problemas de saúde como icterícia.

No Afeganistão, por sua vez, o Estado, através de seu representante Hamid Karzi, incluiu em seu ordenamento uma legislação que permitiu que as mulheres fossem agredidas por seus pais, esposos e irmãos agravando a situação das pessoas do sexo

---

[66] Falas retiradas do documentário India's Daughter.

[67] BRASIL. Disponível em: https://g1.globo.com/mundo/noticia/medo-de-estupro-faz-mulheres-deixarem-de-beber-agua-em-meio-a-calor-extremo-na-india.ghtml. Acesso em: 14 fev. 2019.

feminino dentro do sistema, além de aprovar a lei que concluía ser obrigação da mulher satisfazer o marido sexualmente. Os direitos e oportunidades de tais mulheres nesse país são tão insignificantes que muitas famílias passaram a criar meninas como se meninos fossem, com vistas a permitir liberdades e oportunidades melhores para suas filhas. Nesses casos, a puberdade impede que o disfarce se mantenha por muito tempo e, com a intenção de manutenção da segurança das moças, essas geralmente são levadas a se submeter aos costumes relativos ao gênero feminino, havendo aquelas que preferem sofrer humilhação, hostilização, separação da comunidade a assumirem os papéis femininos, posto considerarem precárias as condições de vida que as mulheres possuem.[68]

Não fosse o bastante a situação de humilhação e submissão proporcionada às mulheres como um todo, ainda existem relatos de pessoas que foram sequestradas por islâmicos radicais com a finalidade de servirem como escravas sexuais. As notícias incluem espancamentos, torturas e violências sexuais, com venda e transmissão das mulheres como se fossem coisas.[69]

Voltando a análise para o Brasil,[70] durante muitos anos a supremacia masculina praticamente não sofreu confrontação. As

---

[68] BRASIL; Disponível em: https://www.nationalgeographicbrasil.com/fotografia/2018/03/vida-das-garotas-criadas-como-meninos-no-afeganistao. Acesso em: 18 fev. 2019.

[69] BRASIL. Disponível em: https://www.nationalgeographicbrasil.com/fotografia/ex-escravas-sexuais-do-isis-mulheres-yazidis-recuperam-fe-e-dignidade. Acesso em: 18 fev. 2019.

[70] Nos estudos de Mary Del Priore, é possível perceber que a estrutura de prevalência masculina estava presente, inclusive, em comunidades indígenas pré-coloniais. Conforme seu premiado livro *A história das mulheres no Brasil*, os homens indígenas de prestígio como os guerreiros e caciques exerciam a poligamia. A quantidade de mulheres que estes sujeitos "possuíam" era símbolo de prestígio e valentia, havendo relatos de que as mesmas eram obedientes e dedicavam-se servi-lo nas tarefas do lar. Não fosse isso suficiente, diversos homens "presenteavam" outros homens com suas mulheres quando se enfadavam das mesmas. Em que pese tal situação, o adultério feminino causava grande horror. Segundo Del Priore, "o homem enganado podia repudiar a mulher faltosa, expulsá-la, ou ainda, em casos extremos, matá-la, pautando-se na lei natural". Se a traição desencadeasse uma gravidez, a mulher adúltera era "trucidada" ou abandonada aos rapazes, ao tempo em que o marido não se vingava do sujeito que havia mantido relações sexuais com ela, pois desencadearia uma guerra com os familiares deste. Percebe-se que o que impedia que o índio se vingasse do sujeito que havia mantido relações sexuais com sua esposa não era nada além da possibilidade de uma grave rivalidade com os parentes deste indivíduo. Aqui, todavia, deve-se indagar: por qual razão a violência ou a morte desta mulher não causava a seus parentes idêntica rivalidade? Notadamente, havia naquelas comunidades uma compreensão de licitude em relação aos castigos que as mulheres eram submetidas. Em mais uma situação histórica, a organização social submeteu as mulheres a uma situação de dominação, ainda que a própria historiadora relate eventos de resistência de tais índias,

mulheres foram sucessivamente levadas a crer e reproduzir padrões que as inferiorizavam, o que, na atualidade, contribui para que mulheres que possuem um comportamento mais empoderado e independente sejam reiteradamente criticadas por homens e, inclusive, senão principalmente, por outras mulheres, as quais acreditam e reproduzem o ideal de dominância masculina.

Esse comportamento de introjeção e reprodução da cultura dominante repreende as mulheres que buscam se libertar das amarras sociais e acabam por desviar a responsabilidade de agentes estupradores, na medida em que iniciam um processo de responsabilização das vítimas pela violação de seus bens jurídicos, outorgando, através do discurso, o direito dos homens de atentarem contra a dignidade sexual daquelas que não seguem o padrão comportamental aceito. Assim, não é incomum encontrar pessoas afirmando que o estupro é culpa da mulher quando esta saiu de casa sozinha, vestindo roupas justas, curtas, provocantes ou mesmo quando adota condutas que até pouco tempo eram exclusivamente masculinas, como sair para ingerir bebidas alcoólicas, ou para manter relações sexuais com indivíduos com quem não possuem um relacionamento.

Se a sociedade interpreta o estupro como resultado do desvirtuamento do papel feminino convencional, o estuprador seria o modelador desse comportamento, sinalizando para a mulher e para

---

bem como comportamentos que demonstravam uma certa liberdade sexual. No Brasil Colônia as leis do Estado e da Igreja, com frequência e exercendo um poder de coerção informal, atuavam para reprimir a sexualidade feminina, pois seu descontrole ameaçava o equilíbrio doméstico, a segurança do grupo social e a ordem das instituições civis e eclesiásticas. Utilizava-se do suposto fundamento da inferioridade feminina e o pecado original para justificar tal repressão. Entendia-se, ainda, como conduta ideal, que a mulher só saísse de casa em três oportunidades na vida, quais sejam, para se batizar, para casar e para ser enterrada, havendo relatos de queixas promovidas pelo arcebispo de Salvador, em 1751, afirmando que as famílias prendiam suas filhas a tal ponto que as moças estavam sendo impedidas de se confessar. As repressões ao feminino e sua sexualidade se estendiam enquanto solteira e casada, pois a relação sexual entre cônjuges também era controlada pela igreja através dos discursos, a qual condenava excessos e a sensualidade. O sexo deveria ter exclusiva função de procriação, na medida em que o momento mais importante da vida da mulher deveria ser a maternidade. Del Priore aprofunda a temática demonstrando o grau de intromissão de teólogos e moralistas nas atividades privadas, pois "uma vez na cama, [...] condenavam o coito com o homem em pé, sentado ou por baixo da mulher, casos que o esperma procriador poderia desperdiçar-se". A mulher não podia demandar expressamente uma relação sexual, restringindo-se exclusivamente a fazer discretas insinuações, pois deveria manter a sua moral e não se entregar aos desejos da carne. *In:* DEL PRIORE, Mary. *A história das mulheres no Brasil,* p. 19-59.

a sociedade que esse modo de atuação não é socialmente aceito e deve ser evitado. No fim das contas, a vítima é posta como algoz de si mesma por influir na desarmonia da moral machista dominante que muitos buscam preservar a todo custo. O discurso machista que impõe à mulher determinadas restrições e atribui a si a responsabilidade pela violação sexual sofrida também liberta o homem para que, diante de situações moralmente desaprovadas e supostamente permissivas, sua percepção de reprovabilidade em relação ao estupro seja minimizada, senão anulada, como no caso ocorrido na Índia.

Essa situação adequa-se perfeitamente à compreensão de Van Dijk[71] sobre o controle do poder social. De acordo com o autor, o controle está difuso na sociedade, pois existem restrições sociais que ditam o comportamento apropriado e controlam diretamente as opiniões e ideologias, orientando indiretamente, através do discurso, as ações. No caso sob apreço, as restrições sociais impostas ao modo de atuação feminino acabam igualmente apontando limitações para a conduta masculina, quando tais limites são respeitados. Por outro lado, os discursos acerca da desobediência da mulher no que tange a adoção do comportamento casto, reservado, envergonhado, cauteloso, sem liberdade ou qualquer autonomia sexual, atribuem a esta a responsabilidade pelos atos de estupro diante do descumprimento desses estereótipos. Trata-se de uma ideologia, ou melhor, de uma ação comunicativa que acaba esvaziando o conteúdo do ilícito de estupro praticado contra tais mulheres, haja vista a desobediência em relação às esferas de controle.

Infelizmente, conforme já apresentado, os homens não são os primeiros e nem os únicos a impor uma linha de comportamento e pensamentos controladores do sexo feminino. As mulheres também participam ativamente dessa imposição, o que Bourdieu indicaria como o sucesso da dominação do feminino pelo masculino. Em seu livro *Dominação masculina*, o autor alerta para traços de dominância da sociedade, os quais, muitas das vezes, são transmitidos de maneira tão suave que os próprios dominados acabam por reproduzir os discursos de dominação como verdades inabaláveis. Os dominados,

---

[71] DIJK, Teun A. van. *Discurso e poder*. 2. ed. 3. reimp. São Paulo: Contexto, 2017, p. 17-20.

nesse caso as mulheres, possuem percepções estruturadas a partir da dinâmica de dominação e seus atos de conhecimento acabam por consistir em atos de "reconhecimento", os quais, para Bourdieu, nada mais são que atos de submissão.[72] Ademais, a força da ordem masculina estaria evidenciada na medida em que ela dispensa uma justificação, prescindindo de discursos que tenham por objetivo legitimá-la. A ordem social funcionaria como uma estrutura simbólica que ratifica o poder masculino sobre a qual se alicerça. A divisão do trabalho e a destinação dos papéis públicos aos homens e privados às mulheres seriam algumas dessas estruturas.[73] Estas, ao elencarem os homens como seres superiores, também constroem relações sexuais hierarquizadas, cuja prática acaba por se tornar uma extensão do exercício do poder masculino e a própria forma de percepção da relação sexual, diferentemente abordada entre ambos os sexos, influencia na ampliação do poder masculino sobre o feminino.

Para as mulheres, a relação sexual é apresentada de maneira romantizada, induzindo as mesmas à manutenção de tais atividades em meio a relações afetivas, acompanhadas de uma campanha social incessante pela perpetuidade de tais relações e sua evolução para uma complexa estrutura familiar, a qual, se não implementada, tem seu fracasso direcionado à incompetência da mulher enquanto "mulher de verdade". É como se a afirmação do valor feminino dependesse da capacidade de manter um envolvimento afetivo duradouro resultante na construção de um lar, no qual, consequentemente, deve haver a reprodução para a perpetuação da espécie.

Os homens, por sua vez, são educados para a manutenção de uma relação sexual com finalidade exclusiva de obtenção de prazer, sem que exista envolvimento emocional, tampouco intuito de construção afetiva duradoura, o que acaba desencadeando uma relação de poder pautada no afeto, pois a mulher foi induzida por anos a acreditar na necessidade de um envolvimento sentimental para a submissão às atividades sexuais, mas o homem foi educado para tratá-la como mais uma conquista. Ao fim, o envolvimento

---

[72] BOURDIEU, Pierre. *A dominação masculina*. Rio de Janeiro: Bertrand Brasil, 2010, p. 22.
[73] *Idem*, 20.

sentimental do qual o homem foi treinado para não praticar torna-se um eficiente mecanismo de manipulação.

Acerca do estupro como exercício de poder, os ensinamentos extraídos da leitura de Bourdieu são valiosos. Ele explica que, assim como a procriação e manutenção de uma família são valores expostos como fundamentais às mulheres, a virilidade é construída como questão de honra para o homem. O aumento e conservação da primeira implicam necessariamente nos mesmos efeitos para a segunda, de modo que as provas de potência sexual são exigidas a todo momento da pessoa do gênero masculino para que ela possa ser considerada um "homem de verdade".[74] O ápice da virilidade, então, seria alcançado através de uma demonstração de poder, que pode ser exercido, por exemplo, através da compra da relação sexual, demonstrando que embora seu corpo seja inviolável, os que lhes são tomados podem ser reificados.

Ao fazer intervir o dinheiro, o masculino associa a busca do gozo pelo exercício do poder e transgride a ordem moral que determina a entrega do corpo de maneira gratuita.[75] O estupro funciona de igual maneira.

Para Bourdieu, a posse sexual, lícita ou ilícita, na sociedade, é atrelada à dominação, ao assédio sexual, por exemplo,[76] "[...] nem sempre tem por fim exclusivamente a posse sexual que ele parece perseguir: o que acontece é que ele visa, com a posse, nada mais que a simples afirmação da dominação em estado puro".

Nesse sentido, os estudos de Kolodny, Masters e Johnson indicam que o estupro não decorre da necessidade de uma satisfação sexual, mas sim do uso da sexualidade para demonstração de poder. Trata-se de um padrão de conduta relacionado ao exercício do controle e do domínio. "É comportamento sexual a serviço de necessidades não-sexuais".[77]

---

[74] *Ibidem.*

[75] *Idem,* p. 26.

[76] Bourdieu. *Op. cit.,* p. 31

[77] KOLODNY, Robert. C.; MASTERS, William H.; JOHNSON, Virginia E. *Manual de Medicina Sexual.* Tradução por Nelson Gomes de Oliveira. São Paulo: Manole, 1982, p. 430-1 *Apud* ANDRADE, Vera Regina Pereira de. Violência sexual e sistema penal: proteção ou duplicação da vitimação feminina?. *Sequencia 33,* p. 87-114, p. 102.

Tais necessidades podem ser de duas ordens: como exercício do domínio e multiplicação do prazer a partir da demonstração de virilidade, ou enquanto método de controle comportamental, garantindo a vigência dos padrões morais sustentados pela sociedade patriarcal.

Nesse sentido, Bourdieu indica:[78]

> [...] a relação sexual se mostra como uma relação social de dominação, [...]ela está construída através do princípio de divisão fundamental entre o masculino [...] e o feminino. [...] o desejo masculino como desejo de posse, como dominação erotizada, e o desejo feminino como desejo da dominação masculina, como subordinação erotizada, ou mesmo, em última instância, como reconhecimento erotizado da dominação[...].

Simone de Beauvoir, ao discorrer sobre a relação de poder existente entre homens e mulheres, defende que a ordem social hierarquizou as relações adotando o homem como referencial. O corpo masculino teria um sentido em si mesmo e seria considerado essencial, ao contrário do corpo feminino, que estaria destituído de significação e teria caráter prescindível.

Para Beauvoir, as mulheres sequer se enxergam como sujeitos e a passividade dessas teria contribuído para a manutenção do status de "dispensável" que lhes fora atribuído. Além disso, a ausência de unidade condensadora entre os ideais femininos dificultaria a reversão desse quadro. Ao contrário dos negros que se reúnem enquanto classe, assim como os homens e os judeus diante de uma causa comum, as mulheres estariam dispersas entre os homens, ligadas a esses e distantes umas das outras, impedindo que se enxerguem como unidade e lutem pelos mesmos fins.

A estrutura de poder formada nas sociedades em torno da mulher impõe e a mantém em posição submissa, prescindível, cuja dominação é entregue ao masculino, que é conduzido a perceber-se como sujeito, identificando-a como ser descartável e substituível, destinada à satisfação de suas necessidades acima de qualquer outra. Assim, o homem adquire, ainda que de maneira implícita, a faculdade da posse sexual forçada, apresentada em nossa sociedade

---

[78] *Ibidem.*

como uma espécie de exercício regular do direito não declarado, atingindo principalmente aquelas que extrapolam o pequeno espaço de sobrevivência que lhes foi concedido, haja vista terem descumprido os limites de controle social.

CAPÍTULO 3

# O PATERNALISMO, O DIREITO PENAL BRASILEIRO E A TENDÊNCIA LIBERAL DO DIREITO PENAL CONTEMPORÂNEO

A postura do legislador brasileiro em alterar o tipo de ação penal a que está submetido o crime de estupro, assim como os demais crimes praticados contra pessoas capazes que violem exclusivamente sua liberdade sexual, merece uma apreciação à luz do paternalismo. Isso porque a restrição das opções da vítima de crimes contra a dignidade sexual pode constituir uma forma de exercício desse ideal, conforme se verá. Uma pessoa adulta, com capacidade de raciocínio e determinação incólumes, é capaz de dirigir sua vida a partir de suas próprias escolhas desde que tal comportamento não atinja diretamente bens jurídicos de terceiros, devendo a legislação de um Estado Democrático de Direito, com valores liberais, ainda que moderados, respeitar a autodeterminação do titular do bem jurídico violado, e, portanto, o princípio da alteridade.

O início das discussões sobre tal temática em sede de direito penal, segundo Bernd Schünemann, remonta ao século XVIII, através das críticas iluministas do Marquês de Beccaria e Hommel, que sustentaram a restrição de atuação do direito penal para a prevenção de danos sociais, tomando como premissa o modelo de contrato social, cujo axioma fundamental seria o respeito à autonomia individual.[79]

---

[79] SCHÜNEMANN, Bernd. A crítica ao paternalismo jurídico-penal: um trabalho de sísifo?. *In:* SCHÜNEMANN, Bernd. *Estudos de direito penal, direito processual penal e filosofia do direito.* Coordenação: Luís Greco. São Paulo: Marcial Pons, 2013, p. 91-95.

No século XIX, por sua vez, o direito anglo-saxão sofreu importante influência das obras de John Stuart Mill, embora outros filósofos conhecidos tenham abordado a questão da limitação do poder do Estado, tais como Alexis de Tocqueville, John Locke, Benjamin Constant e Karl Popper.

Em seu livro *Sobre liberdade*, publicado em 1859, Mill discutiu as questões da liberdade individual, a liberdade de pensamento e os limites do exercício da autoridade social sobre as ações individuais. Para ele, o pensamento deveria comportar uma liberdade ampla, cujo controle de repercussões negativas deveria ocorrer de maneira difusa, a partir da reprovação da opinião. A reprovação exercida pela lei, todavia, em seu entendimento, somente teria espaço quando o exercício da individualidade de um sujeito acabasse por acarretar prejuízos a interesses de outras pessoas.[80]

O trecho a seguir sintetiza com perfeição a essência de seu pensamento:

> Ações de um indivíduo podem causa mal a outro, ou deixar de levar a devida consideração o seu bem-estar, mesmo sem violar ao longo de todo o seu exercício, qualquer de seus direitos constituídos. O ofensor pode ser justamente punido pela opinião, embora não pela lei. No momento em que algum aspecto da conduta de uma pessoa afete prejudicialmente os interesses de outros, a sociedade tem jurisdição sobre ela, e abre-se à discussão sobre se o bem-estar geral será ou não beneficiado com a intervenção em tal conduta. Mas não há lugar para cogitar uma questão como essa quando a conduta de uma pessoa não afeta os interesses de outros, a não ser ela mesma, ou não tenha afetá-los, a não ser que eles estejam dispostos a isso (sendo todas as pessoas a que isso se refere adultas e com capacidade normal de entendimento). Deve haver, em todos esses casos, total liberdade, legal e social, para cometer a ação e arcar com as consequências.[81]

Partindo desse raciocínio, desde que uma pessoa seja capaz e adulta, a mesma deve ser livre para um agir conforme seu entendimento, sem que exista o direito da sociedade e do Estado de cercear a conduta que importe em dano exclusivamente pessoal. Essa opinião está respaldada na ideia de que não existiria um conceito de

---

[80] MILL, Jonh Stuart. *Sobre liberdade*. Tradução Paulo Geiger. São Paulo: Penguin Classics Companhia das Letras, 2017. P, 167-8.

[81] *Ibidem.*

bem-estar universal, capaz de atingir a todos de maneira igual, o que impossibilitaria um julgamento heterônomo plenamente adequado.

De fato, por mais que as pessoas sejam capazes de coabitar na mesma sociedade e compartilhar o mesmo ambiente social, possuindo os mesmos ensinamentos, a noção de bem-estar é composta por variáveis personalíssimas.

O bem-estar ou o sofrimento de alguém são o resultado da equação de suas vivências e dos efeitos que tais acontecimentos produziram no indivíduo. São compostos por experiências de vida, noções de mundo, sensações e interpretações de tais sensações, as quais não podem ser compreendidas por sujeitos outros que não sejam o próprio indivíduo, na medida em que cada pessoa possui uma bagagem individual e personalizada. Assim, ainda que fosse possível apontar pessoas com as mesmas experiências (a exemplo de gêmeos siameses) ainda teríamos a possibilidade de se extrair visões de mundo absolutamente distintas, na medida em que cada fato seria interpretado de um ponto de vista particular, alterando, assim, o resultado do bem-estar que ele é capaz de provocar em cada pessoa.

Igualmente, não se pode atingir uma noção de bem-estar a partir de uma análise coletiva que satisfaça necessariamente os anseios individuais, posto que nem sempre a vontade do coletivo representa a vontade da maioria quantitativa dos indivíduos, e nunca representa a vontade da totalidade.

Bauman aponta, em seu livro *Comunidade,* a existência de um imaginário coletivo de comunidade pautado na solidariedade, no aconchego e compreensão entre seus componentes e na busca por interesses comuns alcançados através do entendimento, denominada por ele de "comunidade imaginada", que resulta em um problema quando confrontada com a "comunidade realmente existente".[82] De acordo com o filósofo, o problema da real comunidade, que busca ser a realidade idealizada, é exigir, em contraprestação ao suposto bem que oferece (segurança), uma lealdade incondicional aos seus ideais (dificilmente alcançados pelo entendimento em razão da fluidez das relações que a compõe), sob pena de se considerar uma imperdoável

---

[82] BAUMAN, Zygmunt. *Comunidade*: busca por segurança no mundo atual. Tradução de Plínio Dentzien. Rio de Janeiro: ZAHAR, 2003, p. 8

traição a sua demonstração insatisfatória. Complementando esse pensamento, assevera que:

> [...] o preço é pago em forma de liberdade, também chamada de "autonomia", "direito a auto-afirmação" e a "identidade". Qualquer que seja a escolha, ganha-se alguma coisa e perde-se outra. Não ter comunidade significa não ter proteção; alcançar a comunidade, se isto ocorrer, poderá em breve significar perder liberdade. A segurança e a liberdade são dois valores igualmente preciosos e desejados que podem ser bem ou mal equilibrados, mas nunca inteiramente ajustados e sem atrito. De qualquer modo, nenhuma receita foi inventada até hoje para esse ajuste. O problema é que a receita a partir da qual as "comunidades realmente existentes" foram feitas torna a contradição entre segurança e liberdade mais visível e mais difícil de consertar.[83]

Esse paradigma estaria presente nas comunidades modernas em razão da fluidez das relações, maiores níveis de pensamentos individualistas e menor coesão social, classificação da qual as democracias, a exemplo da vivenciada pelo brasileiro, não pode ser excluída.

Não obstante a segurança que é proporcionada pelas "comunidades realmente existentes" a lealdade a valores produzidos de maneira heterogênea pode significar um problema se sua imposição respeitar exclusivamente valores da parcela dominante da sociedade, ignorando aqueles ideais compartilhados pelas minorias, pois acaba transgredindo a opinião e a autodeterminação destes.

Segundo Norberto Bobbio, a democracia, cujo poder de governar não está nas mãos de um único indivíduo, mas da coletividade, ainda precisa ter bastante cuidado com as escolhas e intervenções que pode exercer sobre a esfera privada de cada sujeito, sob o risco de se incorrer em um totalitarismo democrático, também chamado de "tirania da maioria".

A tirania da maioria, de acordo com Tocqueville, compreenderia a supressão da liberdade pautada em um modelo democrático no qual a igualdade entre seus componentes teria mais valor que o respeito à individualidade moral, religiosa ou econômica. O princípio da maioria, sempre possível de ascender aos sistemas

---

[83] *Idem*, p. 10

democráticos, teria como característica a prevalência da força do número sobre a individualidade singular, acreditando que haveria mais sabedoria quando emanada de muitos sujeitos, do que de um único.[84] Com isso, Estados democráticos não liberais seriam capazes de impor à totalidade de indivíduos os valores concebidos pela maioria quantitativa e\ou participativa do governo, ainda que a suposta promoção de bem-estar que adviria de tal imposição não fosse uma realidade.

Não é difícil se encontrar um exemplo em que a interferência da opinião da comunidade sob a esfera privada e sua imposição desenfreada possibilitaram o prejuízo e transgressão de direitos individuais fundamentais, como a autonomia, identidade ou autodeterminação. Para tanto, basta recordar eventos de um passado não tão distante e enxergar o nazismo, ou mesmo observar a contemporaneidade e as consequências limitantes decorrentes do machismo estrutural (a antiga necessidade imposta pelo Código Civil da outorga uxória, a limitação atual do direito de fazer laqueadura de trompas sem a autorização do marido ou sem que a pessoa possua o número de filhos exigidos por lei, a vedação – em qualquer fase da gestação – do aborto, entre outras situações).

De acordo com Bobbio, o conceito jusnaturalista inicialmente concebido de Estado Liberal traz uma contraposição ao Estado Absoluto e, pressupondo a existência de direitos naturais inerentes à condição humana (a exemplo de vida, liberdade e segurança), compreende ser papel desse Estado o exercício da força para atingir a eficácia da proteção de tais direitos[85] sem desrespeitar a individualidade de cada um, pois sem individualismo não haveria liberalismo.

O Liberalismo de Stuart Mill, por sua vez, seria pautado no utilitarismo social, cujo princípio da máxima felicidade consiste no pilar moral orientador, a partir do qual as ações deveriam ser valoradas através da tendência das mesmas em promover a felicidade, o prazer ou a inexistência da dor. Ocorre, todavia, que o Estado seria limitado pela ideia de liberdade negativa, não podendo

---

[84] TOCQUEVILLE, Alexis de. *A democracia na América*. v. II. Tradução de Eduardo Brandão. São Paulo: Martins Fontes p. 115-118.

[85] BOBBIO, Norberto. *Liberalismo e democracia*. Tradução de Marco Aurélio Nogueira. São Paulo: Edipro, 2017, p. 40-42.

obrigar o indivíduo a fazer ou deixar de fazer o que não deseja, salvo quando suas condutas fossem capazes de produzir danos a terceiros. Seria, pois, a máxima expressão da individualidade.

Conforme bem destacado por Franco Manni "[...] o liberal sabe que a liberdade existe somente na pluralidade, no confronto e na contraposição de ideias distintas e opostas. Precisamente esse livre confronto e oposição é a liberdade".[86]

Não se pode, portanto, conceber uma vontade única, um pensamento único e uma única compreensão de bem-estar ao mesmo tempo em que admitimos a liberdade individual de ação e pensamento, pois esta, por si só, pressupõe a multiplicidade de concepções, ainda que em uma sociedade democrática, na qual o coletivo se faz tão valioso.

A liberdade de ação acompanha a liberdade de pensamento como uma espécie de continuidade desta, dando ao indivíduo plenos poderes sobre os rumos de sua vida, a qual deve responder exclusivamente aos seus anseios pela busca do bem-estar, limitada apenas quando capaz de causar danos a direitos de terceiros, é a essência do Estado Liberal de Mill.

Por conta disso, tal ideia de governo apresenta uma contraposição às diversas formas de paternalismo que têm em sua essência o pensamento de que o Estado exerce sobre seus "súditos" papel equiparável ao de um pai em relação aos seus filhos, de modo que a liberdade de agir individual acabaria prejudicada.

O pensamento paternalista pressupõe o uso do poder do Estado, com vistas à promoção do bem-estar do sujeito, a partir de uma heteroconstrução do bem e do mal. São variadas as teorias acerca dos tipos, dos requisitos e dos limites do mesmo, em que pese o exercício do poder sempre esteja presente, assim como a intenção de promover o bem.

## 3.1 Classificações do paternalismo

Schünemann diferencia o estudo do paternalismo no âmbito criminal em direto e indireto, definindo o primeiro a partir da

---

[86] MANNI, Franco. Introdução. In: BOBBIO, Norberto. *Liberalismo e democracia.* Tradução de Marco Aurélio Nogueira. São Paulo: Edipro, 2017, p. 18.

construção dogmática de Andrew v. Hirsch, segundo o qual seria o "uso de sanções penais para criminalizar alguém que lesiona unicamente a sua própria pessoa ou que comete uma tentativa de autolesionar-se". O segundo tipo de paternalismo seria a atribuição de um comportamento mediante a imposição de uma punição do direito penal, que recairia sobre terceiro por lesionar bem jurídico do titular que consente com tal intervenção.[87] Define ainda como paternalismo suave, utilizando-se da definição de Feinberg, a limitação Estatal sobre condutas autolesivas praticadas por aqueles com capacidade de decisão limitada.

Não são essas, todavia, as únicas classificações encontradas na literatura para definir as intervenções paternalistas. Há quem aponte como conduta paternalista a promoção de informação ou conselhos reiterados acerca de condutas que tenham como intenção o convencimento pessoal do titular do bem acerca das ações ou omissões que o mesmo deva ou não adotar, ainda que caiba a este a decisão sobre a submissão ou não aos caminhos e atitudes indicadas pelo discurso. Por outro lado, há quem aponte como condutas da mesma natureza a implementação da redução das escolhas do sujeito a quem se quer proteger ou ainda a imposição de uma abstenção ou ação que submetam o próprio titular do bem jurídico, com vistas ao resguardo do próprio bem.

Nessa medida, percebe-se que a teoria possui graus, os quais concebem diferentes hipóteses de intervenção na esfera da autonomia individual, que abarca desde o mero aconselhamento até a literal imposição coercitiva de uma conduta contra a vontade do titular do bem.

De acordo com Marcelo Zenni Travassos, os argumentos de natureza paternalista recebem essa denominação por se assemelharem ao comportamento que um pai possui em relação a um filho, restringindo sua liberdade sob o pretexto de proteger os interesses deste. De acordo com o autor, o Estado avoca para si a legitimidade e competência para determinar o que seria do melhor interesse do indivíduo, estabelecendo a conduta a ser seguida pelo mesmo.

---

[87] SCHÜNEMANN, Bernd. A crítica ao paternalismo jurídico-penal: um trabalho de sísifo?. *In:* SCHÜNEMANN, Bernd. *Estudos de direito penal, direito processual penal e filosofia do direito.* Coordenação: Luís Greco. São Paulo: Marcial Pons, 2013, p. 91.

O paternalismo é conceituado por Gerald Dworking como sendo a interferência na liberdade de ação individual ou em sua liberdade informacional,[88] com intuito de promoção do bem-estar da pessoa que tem sua liberdade restringida. No mesmo sentido, Joel Feinberg concorda em classificar como paternalista a conduta daqueles que restringem informações relevantes sobre o próprio indivíduo com vistas a proteger o sujeito cuja liberdade informacional é cerceada.[89] Esta não seria, a princípio, uma forma má de paternalismo.

Tais conceitos bem se aproximam da ideia discutida nesse trabalho a respeito da obrigação da vítima em participar, necessariamente, de um procedimento criminal, independentemente de sua vontade, pois a justificativa para alteração legislativa é justamente a possibilidade de persecução criminal, evitando a impunidade do delito pela omissão da pessoa constrangida e deferindo ao vitimado uma tutela mais eficiente de seus direito sexuais. Não se perguntam, porém, sobre a real vontade do titular do bem de submeter-se à exposição criada pelo processo. O Direito Penal brasileiro simplesmente transformou a ação penal em pública incondicionada, submetendo a vítima a prejuízos, muitas vezes análogos ou superiores aos provocados pelo ilícito, sob a rubrica da suposta beneficência da medida para si e para a comunidade. Além disso, não houve uma problematização acerca dos efeitos que tais medidas produziriam sobre o estereótipo feminino, que já é vinculado ordinariamente a características como passividade, incapacidade, incompetência e vulnerabilidade. O fato de o Estado impor uma persecução criminal, muitas vezes contra a vontade da vítima, mas em seu suposto benefício, reforça a imagem da mulher como ser dependente de um aparato de proteção, em decorrência de uma hipotética incapacidade de se autoproteger. Há o reforço de ideias como a exposta pelo Código de Manu[90] acerca da necessidade de uma mulher estar sempre amparada por uma figura de proteção,

---

[88] DWORKING, Gerald. Paternalism: Some Second Thoughts. *In:* SARTORIUS, Roldf. *Paternalism:* Minneapolis: University of Minnesota Press, 1983, p. 103-114.

[89] FEINBERG, Joel. Harm to Self. v. 3. Oxford, Toronto, New York, 1986.

[90] Segundo Sergio Ricardo de Souza, o art. 415 do Código de Manu determinava que "uma mulher está sob a guarda do seu pai durante a infância, sob a guarda do seu marido durante a juventude, sob a guarda de seus filhos em sua velhice; ela não deve jamais conduzir-se à sua vontade". Disponível em: SOUZA, Sergio Ricardo de. *Comentários à lei de combate à violência contra mulher.* 3. ed. Curitiba: Juruá, 2009, p. 28.

a qual, nos moldes da sociedade patriarcal, será personificada pela figura do Estado ou de alguém do gênero masculino.

Travassos ainda destaca que, para que uma doutrina seja classificada como paternalista, deve-se identificar o binômio "exercício de poder" vs. "interesse de proteção de bens da pessoa sobre a qual recai o exercício do poder".[91]

João Paulo Martinelli, em seu livro *Paternalismo jurídico-penal*, indica as características necessárias para que se considere uma conduta paternalista, quais sejam: (I) a imposição de um comportamento positivo ou negativo; (II) a falta de confiança sobre a capacidade de alguém; (III) confiança sobre a heteroconstrução formulada de bem-estar; (IV) a contrariedade da vontade de alguém; (V) o objetivo de promover um bem e evitar a implementação de um mal.[92]

O comportamento contrário à vontade individual do seu beneficiário pode se dar a partir do conselho, pela restrição da escolha ou pela imposição direta de uma conduta.

O aconselhamento seria paternalista quando não se restringe a expor ao indivíduo informações básicas necessárias à formulação de uma escolha esclarecida e livre, mas quando esse aconselhamento ou prestação de informação se faz insistente, com claros objetivos de conduzir o destinatário dos aconselhamentos a agir ou deixar de agir conforme o entendimento heterônomo de conduta apropriada. Segundo o pensamento do autor, esse comportamento deveria ser compreendido como paternalista, pois aquele que se julga mais capaz de compreender a situação e seus desdobramentos promoveria o aconselhamento do outro por julgar ser este menos capaz, tomando para si a obrigação de orientar o vulnerável acerca da melhor conduta a ser tomada. Mais uma vez, estar-se-ia agindo como um pai em relação a um filho.

Essa suposta forma de paternalismo poderia ser exercida através das vias comunicativas e propagadas por avisos, propagandas, conselhos, desde que empregados com certa insistência.

---

[91] TRAVASSOS, Marcelo Zenni. *A legitimação jurídico-moral da regulação estatal a luz de uma premissa liberal-republicana: autonomia privada, igualdade autonomia pública*. Estudo de caso sobre os argumentos paternalistas. Rio de Janeiro: Renovar, 2015, p. 358-9.

[92] MARTINELLI, João Paulo Orsini. *Paternalismo Jurídico-penal*: limites do Estado na liberdade individual pelo uso das normas penais, p. 85-90.

Embora Martinelli concorde que o aconselhamento seria uma forma branda de paternalismo, paralelamente o autor admite que não se tratar de medida capaz de restringir a liberdade de escolha pessoal o que aparenta ser um contrassenso com a própria noção de paternalismo.

A autora deste trabalho discorda de tal posicionamento, atrelando-se ao pensamento que não identifica como paternalista a implementação de aconselhamentos insistentes ou reiterados, em face de pessoas plenamente capazes de adotar escolhas ou mesmo das pessoas que poderiam – a partir de uma análise heterônoma – ser classificadas como menos capazes. Isso porque, a essência da ação paternalista reside na interferência sobre a conduta pessoal de alguém, desrespeitando a compreensão de bem-estar do sujeito, bem como a sua autonomia para adotar decisões, boas ou ruins, que digam respeito a bens jurídicos exclusivamente individuais, com vistas ao alcance do bem desse sujeito.

Considerar, por exemplo, que a supressão de informações necessárias à tomada de decisão consiste em uma conduta que afeta diretamente na autonomia individual é plausível, pois, para que exista a completa compreensão da situação sobre a qual o sujeito deve realizar uma escolha é necessário que o indivíduo possa ponderar com clareza as medidas que julga necessário adotar. Arguir, por outro lado, que a reiteração de um aconselhamento seria uma posição paternalista não merece guarida, uma vez que a decisão, no que toca a conduta a ser adotada ou não, permanece a cargo do titular do bem e permanecerá sendo uma decisão livre e consciente. A reiteração das informações e conselhos não tem o poder coercitivo de conduzir a uma supressão da autonomia individual. Nesses casos, a escolha realizada pelo sujeito ainda será derivada da externalização de sua vontade. Situação diversa seria a de uma pessoa que adota uma posição, motivada pela ameaça de perda de direitos ou garantias, pois a ameaça seria o elemento propulsor para o direcionamento da tomada de decisão. Caso a imposição de tal restrição seja motivada pelo interesse do Estado ou de alguém de manter o bem-estar daquele que deve tomar uma decisão, ter-se-ia, finalmente, uma atuação paternalista.

Taxar um aconselhamento reiterado e insistente como medida paternalista não respeita o binômio "exercício do poder" vs. "interesse de proteção", pois não há sequer um efetivo exercício de poder. São mensagens de alertas e avisos que o indivíduo pode ignorar e adotar a conduta que melhor se adequar à sua conformidade de pensamento. No máximo, o aconselhamento insistente de alguém em relação às possíveis condutas que serão escolhidas e adotadas por terceiros pode ser classificado como um ato solidário, um comportamento que se preocupa com as repercussões nocivas que determinada escolha pode promover na vida do próximo. Todavia, é inegável que essa posição (adotada por aquele que se considera mais capaz e que deseja a implementação de sua compreensão de bem-estar a outrem) mantém um limite bastante razoável de respeito à autonomia individual, a ponto de admitir ser o outro capaz de adotar suas próprias decisões e de permitir que, ainda que tal escolha seja idônea para promover consequências desastrosas, ela deva ser respeitada.

A doutrina liberal, ressalve-se, não faz apologia contra a solidariedade, tampouco em favor de um individualismo absoluto. Ela defende necessidade de se respeitar a possibilidade do outro de não querer se submeter ao pensamento solidário ou de querer manter a sua individualidade e autonomia, ainda que suas escolhas, do ponto de vista coletivo, não sejam as melhores. A reiteração de conselhos, pelo contrário, é a personificação do respeito à autonomia, na medida em que decorre da pressuposição de que o sujeito está apto a ponderar racionalmente sobre as diversas perspectivas que envolvem sua tomada de decisão, do contrário não se executaria um aconselhamento a partir de argumentos, quaisquer que fossem.

Reiterar argumentos com vistas a influenciar na tomada de decisão é ato de respeito à autonomia, pois se reconhece existir no outro, o aconselhado, um sujeito de direitos, apto à adoção de decisões e detentor de dignidade, identidade, ideias e, por sua vez, autonomia. O contrário seria a imposição de uma "escolha", de uma conduta, transformando o sujeito em mero objeto de tutela.

Partindo desse pressuposto, apesar de se considerar que a imposição de uma persecução criminal à vítima adequa-se perfeitamente no rótulo de medida paternalista do Estado, o mesmo não pode ser dito em relação à promoção de campanhas de aconselhamento para vítimas do referido crime. Conscientizar os ofendidos acerca de seus direitos diante da ocorrência de atos sexuais forçados, bem como sobre importância social de denunciá-los, corresponde a uma forma de desenvolver o empoderamento feminino. Tais medidas, ainda que adotadas a partir de uma perspectiva heterônoma de bem-estar, não impõem ao sujeito qualquer medida contra a sua vontade. Atrelar tais campanhas de conscientização à opção de ações penais cujo processamento é vinculado ao interesse da vítima, pelo contrário, só pode ser intitulado como uma medida responsável de respeito à autodeterminação pessoal.

Nomear pejorativamente como paternalista a conduta de aconselhamento é compreender que a solidariedade, o debate, a troca de ideias são nocivos à plenitude do exercício da autonomia, quando, em verdade, se exercida dentro de limites de respeito à opinião individual, ela pode ser um importante aliado na materialização da autonomia individual e na evolução do pensamento. Dos aconselhamentos nascem os debates, dos debates nascem as novas ideias, novas maneiras de agir ou se omitir, e novos fundamentos para tais comportamentos.

Martinelli também apresenta a conduta de redução de escolhas e a imposição de comportamentos como atitudes paternalistas. A primeira consistiria em restringir a escolha de alguém, retirando suas opções de agir, seja limitando sua esfera de ação, seja limitando a amplitude das informações que essa pessoa possui sobre a situação na qual está inserida. Como forma de exemplificar, o autor aponta o caso de alguém que, sabendo da vontade do outro de cometer suicídio, esconde deste uma arma, impedindo que o sujeito tenha condição material de executar a supressão da própria vida. Na segunda hipótese, indica o caso do médico que, com receio das ações que seu cliente pode adotar (desistir do tratamento ou mesmo dar termo a sua vida), omite a real extensão de seu problema de saúde.

Agora, diante de tais hipóteses, podemos falar, ao menos em um primeiro plano, em condutas efetivamente paternalistas, pois aqui há uma restrição da liberdade de agir pessoal seja pela obstrução da conduta, seja pela limitação da informação, as quais só ocorreram em virtude de alguém tentar promover o bem-estar de outrem a partir de uma análise heterônoma da situação.

Ao contrário da hipótese anteriormente discutida, o cerceamento de informações que dizem respeito a situações especificamente relacionadas ao sujeito e que servem para interferir em sua ação repercutem diretamente em sua liberdade, haja vista que correspondem a variáveis capazes de fazê-lo agir de maneira diversa àquela que agiria se tivesse conhecimento irrestrito sobre elas. Quando uma pessoa restringe informações fundamentais do outro para conduzi-lo a agir de determinada maneira, tem-se uma interferência direta e ativa na liberdade individual e, embora o sujeito a quem a informação tenha sido omitida efetivamente externalize uma decisão, sua escolha foi limitada, pois as possibilidades e reais consequências sobre sua ação ou omissão não se encontravam postas em sua inteireza. Não restam dúvidas de que omitir informações relevantes à tomada de uma decisão constitui uma condução não autorizada da vida alheia, dando a terceiro a escolha sobre os rumos da vida de alguém, a partir de uma manipulação de vontade desautorizada e equivocada.

O ser humano deve ter o direito de abrir mão de fazer escolhas relacionadas à própria vida e oferecê-las a outrem que aceite executá-las por si. Não havendo essa transmissão de poder, todavia, não é dado a qualquer sujeito, por mais capaz que se julgue, o direito de interferir, através da ação ou omissão, no exercício da autonomia alheia, notadamente suprimindo as elementares racionais imprescindíveis à adoção de escolhas.

Ademais, para se conduzir a um comportamento específico, adota-se uma perspectiva heterônoma para a definição do melhor caminho a ser seguido, ignorando a compreensão individual de bem-estar, o que pode vir a desencadear danos irreversíveis.

Pode-se acreditar que a supressão de informações e o aconselhamento insistente sejam duas faces da mesma moeda, porém, é importante que se deixe claro que não é. Para demonstrar a diferença entre ambos, faz-se necessário lançar mão de exemplos hipotéticos. Imaginemos que exista um buraco no meio de um passeio, largo, porém escuro, o qual não dá para ver qual sua profundidade, embora ele tenha 20 metros de queda livre até alcançar o solo. Uma pessoa se posiciona frente a esse solo sem saber de sua altitude e sente-se curiosa para pular, acreditando que possui escadas ou que deve ter no máximo 2 metros para tocar no chão.

Antes de ela decidir pular, alguém lhe adverte que, em verdade, a cratera é dez vezes maior que a altura que ela imaginava. Nesse primeiro exemplo, se a pessoa decidir não pular, a mesma não o fez por possuir todas as informações necessárias à tomada de decisão. Foi uma ação livre e esclarecida.

Suponhamos que essa mesma pessoa saiba da altitude do buraco e que esteja decidida a não pular, mas uma outra começa a instigá-la, dizendo que ninguém nunca teve coragem de pular, que aquele que o fizesse seria conhecido como uma pessoa corajosa e seria aplaudido pela comunidade, que seu nome sairia em jornais e que ele ficaria famoso. Nesse caso, a escolha sobre o pular ou não pular ainda seria do sujeito, adotada com base em variáveis que caberá a ele elencar como relevantes ou não.

Igualmente, se ao invés de estimular o salto, começarmos a advertir um sujeito que, ao contrário, deseja pular mesmo sabendo da real altura, salientando as consequências que possivelmente terá caso realize a empreitada, tais como uma possível morte, o sofrimento de seus familiares, o sofrimento que a mesma poderá ter de suportar se a queda produzir ferimentos graves, embora não a mate, etc. Apesar de toda a argumentação em torno das consequências do pulo, o sujeito ainda terá liberdade para escolher se pula ou não pula. O indivíduo, nessas últimas hipóteses, possui todas as informações necessárias para ponderar as consequências de sua ação, e a conduta do agente aconselhador ou estimulador apenas serviu para alertar e destacar alguns aspectos. A palavra final ainda será um livre agir individual.

Outra situação, porém, seria a de alguém que explica a história desse buraco, seu nascimento, identifica a crença do outro acerca da pequena profundidade do mesmo e abstém-se de informar sua verdadeira altura, pois se esse a soubesse não pularia. Nessa situação verifica-se que a informação sobre a altura do buraco é importante para a tomada de decisão sobre o agir individual no sentido de pular ou não nele. Aquele que omite a informação relevante à tomada de decisão acaba determinando o comportamento alheio conforme sua vontade, impedindo a adoção de uma escolha livre, consciente e, portanto, autônoma.

A redução de escolhas, a partir da supressão de opções e informações constitui ato paternalista que suprime a autonomia individual quando realizado à revelia da vontade de seu suposto beneficiado, conforme já referido.

Se promovidas pela delimitação do agir individual, também podem representar uma conduta paternalista caso haja intervenção na esfera de livre disposição do sujeito que se quer proteger, podendo, porém, constituir mero exercício regular do direito em hipóteses nas quais a intervenção demande a adoção de uma conduta relacionada à livre disposição de bens e interesses daquele que atua para impedir uma ação danosa de outrem ou promover o seu bem-estar.

Martinelli exemplificou a matéria com a hipótese em que um sujeito, sabendo que um conhecido queria se suicidar, acaba guardando uma arma para dificultar suas possibilidades. Consideramos, porém, que sua ação só pode ser vista como paternalista se a arma escondida pertencer ao sujeito suicida, na medida em que esconder arma própria constitui poder inerente ao seu direito de propriedade. Assim como esconder as chaves de carro próprio sabendo que a pessoa deseja dirigir em direção a uma ribanceira, o mesmo poderia ser dito em relação a bens conjuntos, adquiridos na constância de uma sociedade, qualquer que seja seu caráter. Embora se esteja interferindo em ação de terceiro, buscando a implementação de seu bem-estar individual, a partir de uma concepção heterônoma, a intervenção se faz por meio do exercício individual de direitos próprios. A suposta obrigação que uma pessoa tem de não interferir no exercício da liberdade individual não pode ser confundida com a impossibilidade de inviabilizar tal exercício em razão de seu uso regular do direito.

Por outro lado, a redução de possibilidades que implica diretamente na supressão da livre disposição, uso e gozo de bens e direitos próprios e exclusivos do indivíduo com finalidade da busca de seu bem-estar representa uma medida inegavelmente paternalista. Exemplos variados podem ser dados, nas diversas esferas do direito como o bloqueio das contas individuais para que o sujeito considerado pródigo não acabe destruindo todo seu patrimônio ou a impossibilidade da adoção do regime de comunhão de bens para noivos com idade acima de 70 anos. Como não poderia ficar de fora, a imposição de uma ação penal pública incondicionada para crimes que envolvem bens jurídicos disponíveis, como furto, a violência doméstica que resulta em lesão corporal leve e o estupro, constitui, igualmente, uma redução de possibilidades.

Visando à implementação do bem-estar da vítima de furto, o Estado estabeleceu que a ação penal e a investigação policial para esse crime, que recai sobre objetos jurídicos disponíveis do indivíduo, podem ser propostas independentemente da vontade desta. Com isso, o Estado reduz as possibilidades de disposição do bem jurídico, ao inviabilizar o uso do perdão, da renúncia ou da composição civil de danos, típicos da ação penal privada, que repercutiriam na extinção da punibilidade da infração por ausência de interesse da vítima.

No Estado brasileiro, inclusive, não é incomum que tais crimes sejam processados em contrariedade aos interesses do titular do bem, que acaba se submetendo obrigatoriamente à participação no curso do processo, sem poder lançar mão das garantias individuais que são outorgadas aos réus, tais como o direito ao silêncio, o direito de pedir dispensa do comparecimento do ato judicial ou mesmo a isenção de responsabilidade em caso de depoimentos falsos.

As alterações legislativas produzidas pela Lei nº 11.340/2006, também conhecida como Lei Maria da Penha, acabaram impedindo que o crime de violência doméstica e familiar executado contra a mulher seja, assim como nas demais situações de lesão leve ou culposa, considerado de ação penal pública condicionada. A medida foi adotada para garantir que as pessoas do gênero feminino em situação de vulnerabilidade ou coação moral dispusessem de tais ações sem que efetivamente desejassem tal extinção. Não obstante isso, a medida claramente paternalista também teve seu lado ruim. Algumas famílias, após situações de violência, conseguem por meios alternativos a composição de seus conflitos, muitas vezes as esposas e companheiras, de forma livre, reatam com seus parceiros, desejando alcançar um novo momento familiar, mas são impedidas de dispensar a persecução criminal.

Não raras vezes, ainda que a vítima, primeira interessada na promoção de justiça, exponha seu desinteresse no prosseguimento da ação, demonstrando que tais medidas podem ser mais gravosas a ela e a sua família do que a ausência de imposição de sanção criminal, seu desejo não é levado em consideração. A vítima é compelida a comparecer em audiência, sendo submetida, inclusive, a conduções coercitivas e submissão a perícias contra a sua vontade e interesse, etc. É o Estado impondo à vítima uma única opção, a fim de resguardar o seu próprio bem-estar, dizendo a essa mulher que é mais conveniente a colocação de seu marido em uma cela para cumprimento de pena junto com sujeitos que praticaram delitos de toda sorte, negando-lhe o direito de ser submetido a sanções de natureza alternativa – mais educativa e eficiente em muitas situações[93] – e que ela não tem capacidade para ponderar a melhor medida a se adotar nesses casos.

O mesmo pode ser dito em relação ao crime de estupro, contido no art. 213 do Código Penal, cuja ação penal fora recentemente alterada de pública condicionada a representação para pública incondicionada. Importante salientar que a natureza condicionada da demanda não representa um afastamento do interesse público sobre a repressão do crime, mas sim uma medida que outorga ao titular do bem violado a faculdade de ter sua vida devassada e sua privacidade mutilada, por se compreender que o processamento de tais violações pode ser um mecanismo de revitimização. Assim, buscando impedir a promoção de novos danos à vítima decorrentes dos rituais institucionalizados aos quais será submetida, o detentor do poder sancionador defere à mesma a faculdade de autorizar o procedimento investigativo, o processamento e o julgamento da ação, conforme seus critérios de conveniência e oportunidade.

Esse é o pensamento de Eugênio Pacelli, segundo o qual "há casos em que outra ordem de interesses, igualmente relevantes, devem ser tutelados pelo ordenamento processual". Em sua perspectiva, tais interesses corresponderiam à proteção do ofendido contra os efeitos deletérios que podem ser causados pela divulgação pública do fato. Assim, a representação seria um mecanismo de

---

[93] De acordo com a teoria do Labelling Approach, também conhecida como teoria do etiquetamento, toda reação social a uma conduta criminosa é constituída de cerimônias degradantes de estigmatização do réu, atingindo sua autoestima e sua identidade. Segundo Shecaira, "quando a reação à conduta criminal é uma pena privativa de liberdade, nasce um processo institucionalizador que recolhe o condenado a um local isolado de moradia com rotina diária e administração formal. As consequências disso serão, sempre, a acentuação da carreira criminal e a institucionalização do condenado, potencializando-se a recidiva. A interação e a autoimagem tendem a polarizar-se em torno do papel desviante [...]". SHECAIRA, Sergio Salomão. *Criminologia*. 7. ed. São Paulo: Thomson Reuters Brasil, 2018, p. 269-70.

prevenção a possíveis prejuízos causados pelo processo ao seu patrimônio moral, social e psicológico.[94]

Para Luiz Regis Prado, a razão de ser da exigência da representação reside na própria natureza de relevância do delito. Segundo o autor, existem crimes que afetam o interesse geral de forma imediata, atraindo a necessária atuação do aparato estatal de maneira incondicionada, mas existem outros que só afetam o interesse geral de forma mediata, afetando imediatamente apenas o ofendido. Nessa última hipótese, a ação pública condicionada a representação se justificaria.[95]

Com essa modificação do tipo de ação penal nos crimes sexuais praticados contra o ser humano capaz, a investigação pode ser iniciada de ofício pela autoridade policial, e a propositura da ação criminal independerá da vontade da vítima, ou mesmo de sua compreensão individual acerca da efetiva violação ou não de sua sexualidade.

Evidente se tratar de comportamento paternalista, na medida em que a intenção da norma foi visivelmente possibilitar a investigação e punição dos sujeitos praticantes da conduta, uma vez que muitos deles sequer eram submetidos a investigações criminais, em razão do medo ou da vergonha das ofendidas de prestarem queixas ou depoimentos. Houve o claro interesse em promover a sanção efetiva do autor do delito, permitindo que se dê uma resposta social à infração da norma, mas, principalmente, de prestar à vítima uma resposta jurídica capaz de acalentar seu sofrimento e muitas vezes interrompê-lo.

A inegável boa intenção da alteração legislativa não afasta sua característica de redução de escolhas, pois demanda uma análise heterônoma de bem e mal, mas também de violação ou não da sexualidade individual. Ao se dispensar o entendimento do particular acerca da violação ou não de sua liberdade sexual, o exercício da ação se submeterá, exclusivamente, a uma avaliação exterior do que objetivamente pode ser visto como livre e como aceitável, passando pelo filtro composto por perspectivas externas atreladas a um ideal de conduta violadora e, principalmente, de comportamentos autorizativos do ato sexual que condicionarão

---

[94] PACELLI, Eugênio. *Curso de Processo Penal*. 22. ed. Atlas, 12/2017, p. 138. VitalBook file.

[95] PRADO, Luiz Regis. *Curso de Direito Penal Brasileiro*. 8. ed. São Paulo: RT, 2008, v. 1, p. 673-4.

# CAPÍTULO 3
### O PATERNALISMO, O DIREITO PENAL BRASILEIRO E A TENDÊNCIA LIBERAL DO DIREITO PENAL CONTEMPORÂNEO | 89

sua tipicidade. Os costumes sociais, a religião, a opinião da maioria serão levados em consideração buscando-se uma moralidade pública objetiva para se identificar o que pode ser uma ação sexual violadora, assim ocorre em relação ao crime de ato obsceno. Alguns doutrinadores, a exemplo de Cézar Roberto Bitencourt e Guilherme de Souza Nucci, defendem que se faça aferição do que seria tal ato a partir da análise do pudor público objetivo, o qual nada mais é do que a moralidade majoritária.[96]

Com essa medida, o Estado reduz as possibilidades de livre disposição da sexualidade individual, seja restringindo o poder da vítima de optar por não executar a representação, seja por limitar as perspectivas de livre disposição da sexualidade, uma vez que passará a existir um véu moralizante sobre a referida conduta que taxará de forma heterônoma a ação praticada.

Não se pode esquecer que o processamento dos delitos de estupro demanda a colaboração da vítima, por dependerem do depoimento desta sobre o que efetivamente houve, ou ainda sua submissão a exames e perícias, que acarretam necessariamente a invasão da sua intimidade. Quando o Estado impõe uma investigação/ação penal à revelia de seu ofendido, está dispensando sua compreensão pessoal de bem-estar, a qual pode resultar na opção de evitar a exposição demasiada de sua imagem[97] – como bem

---

[96] BITENCOURT, Cesar Roberto. *Tratado de direito Penal*: parte especial 4. 9. ed. São Paulo: Saraiva, 2015, p. 96

[97] A jurisprudência brasileira não respeita a vítima em sua condição de sujeito vulnerável. A vítima em nosso Estado é vista como mero instrumento de persecução penal, pouco importando os danos que possa vir a sofrer para que o infrator da norma jurídica seja punido. Para tanto, o Estado não se importa em, sob pretexto de um agir beneficente, submeter o titular do bem jurídico violado a novas violações tão cruéis quanto as vivenciadas. No fim das contas, o réu acaba tendo mais direitos que a própria vítima e o processo para ele pode acabar sendo menos dramático do que em relação àquele que o ordenamento busca resguardar os interesses. Exemplos são vastos: enquanto o indivíduo que está sendo processado possui direito ao silêncio, a vítima não pode se abster de falar durante seu depoimento, sendo obrigada a responder as perguntas formuladas pelo juiz, ainda que suas recordações sejam dolorosas; o acusado possui o direito de não produzir provas contra si, mas a vítima pode ser obrigada a se submeter a uma perícia importante para o processo; o acusado pode requerer dispensa do comparecimento em audiência, faculdade que não é dada à vítima, uma vez que a mesma possui obrigação de comparecer e seu descumprimento pode desencadear sua condução coercitiva. Isso pode ocorrer não apenas em processos de crimes sexuais, mas em qualquer tipo de delito.
A doutrina aborda de maneira bastante tímida os direitos e obrigações da vítima no curso de uma ação, sendo a mesma constantemente transgredida em exercícios básicos

destacado por Pacelli – a confrontação das partes e o relembrar de fatos tão perturbadores, bem como o julgamento de estranhos sobre seu comportamento social e sexual.

Uma pessoa deve ser livre para optar pela manutenção de sua imagem social, ou pela evitação de situações constrangedoras. Ignorar a vontade individual e impor um processamento criminal constituem ações que desrespeitam o poder singular de fazer escolhas. Essa retirada do poder de decisão da vítima de estupro proporciona uma falsa sensação de beneficência da medida, pois, historicamente as mulheres (principais vítimas do referido delito) tiveram a autonomia e o poder de decidir os rumos de suas vidas suprimidos pelos agentes sociais dominantes. Nesse sentido, a violação da sexualidade representa mais uma forma de supressão dessa liberdade, e quando o Estado retira desse grupo o poder de decidir as consequências da violação de seu bem jurídico, contribui para reforçar um estereótipo de fragilidade, incapacidade, dependência e submissão "natural" que as mulheres possuem. Nega-se, afinal, a capacidade racional dessas vítimas de adotarem medidas conforme sua compreensão pessoal de bem-estar,[98] reduzindo-as à condição de objetos, em vez de empoderá-las como sujeitos.

Esse mesmo ente que deveria lhe proteger e respeitar primeiramente suas necessidades individuais advindas do exercício de sua autonomia será aquele que lhe obrigará a depor, a comparecer em audiência, a efetuar reconhecimento de pessoas, a despir sua intimidade e privacidade, senão a submeter-se a exames periciais para a verificação de atos libidinosos e conjunção carnal, detecção de hematomas ou materiais biológicos, contra a sua vontade.

---

da liberdade individual, na maioria das vezes sob o pretexto paternalista de que há a necessidade da preservação de seus bens jurídicos.

[98] É importante destacar que a opinião das vítimas quanto à viabilidade da exposição dos fatos relacionados a um crime sexual variam sobremaneira. Algumas pessoas preferem se calar, embora ganhem coragem de expor o problema após verificar que outras pessoas foram vitimadas de igual modo, outras não suportam o fato e buscam justiça, porém desejando o mínimo de exposição possível. Algumas vítimas, pelo contrário, noticiam o ocorrido por todos os meios acessíveis, sem se preocupar com as repercussões que isso terá em sua imagem, prezando, antes de tudo, pela efetividade da justiça criminal e pela punição dos ilícitos cometidos contra si. Outras, no entanto, não querem de forma alguma que os fatos sejam remexidos, mesmo sob a proteção do sigilo processual.

Assim, as consequências da alteração da ação penal, além de sua natureza paternalista, foram mais gravosas do que benéficas, pois essas apenas servirão para reforçar um estereótipo feminino de incapacidade, que acaba por fomentar a prática do estupro como mecanismo de submissão e poder do machismo estrutural. De acordo com Martinelli:[99]

> [...] o sujeito paternalista sabe que, ao fazer ou omitir algo da pessoa protegida, está a contrariar sua preferência, sua disposição ou sua intenção no preciso momento em que atua. Uma lei paternalista segue o mesmo critério: rompe-se a liberdade de alguém, limitando os interesses individuais, em face de sua própria liberdade de ação, não sendo oferecida a escolha de recusar a medida protetiva. Quando uma lei entre em vigência, num primeiro momento, o Estado não considera a vontade da pessoa em cumpri-la ou não. A lei deve ser cumprida, sob ameaça de uma sanção cominada. Apesar da lei expressar, em tese a vontade da maioria, o seu cumprimento, quando obrigatório, independe da aceitação do indivíduo concreto.

Exatamente o posicionamento adotado pelo Estado frente à alteração da modalidade de ação penal para o crime de estupro: uma supressão das possibilidades de escolha do indivíduo sobre os caminhos que desejava adotar, desconsiderando a vontade daquele que deve se submeter às ações destinadas, supostamente (e equivocadamente), à promoção de seu bem-estar.[100]

A última modalidade de comportamento paternalista apontado por Martinelli foi a imposição de condutas que podem ser exercidas sobre a vontade de alguém. Nessa modalidade, o paternalista faz uso de ameaças ou sanções para impedir um comportamento pessoal positivo ou negativo, compreendido como prejudicial ao titular do bem, e aqui reside a mais genuína forma de paternalismo, pois há a imposição de comportamentos através do uso da força do Estado.

Independentemente, qualquer modalidade de paternalismo é exercido através do poder, seja o poder atribuído pelo privilégio

---

[99] MARTINELLI, *Op. cit.*, p. 93/94.

[100] Destaque-se que este sacrifício da vítima sequer é capaz de garantir o desfecho do referido processo ao qual a mesma está vinculada, pois ainda poderá acontecer uma absolvição do réu, ou mesmo o arquivamento processual, tornando-se a transgressão à dignidade individual da pessoa revitimizada uma medida ineficiente.

informacional, seja pela possibilidade de exercício da força para produzir uma coerção, tal e qual se apresentam as repercussões paternalistas derivadas da imposição da ação penal pública incondicionada para crimes sexuais, posto que o juiz possui a faculdade de lançar mão do exercício da força institucionalizado, como a condução forçada, que reduz o efetivo livre arbítrio da vítima que não deseja submeter-se a um processo criminal para tratar do fato.

Daniel Sarmento sustenta que não pode ser tido como papel do Estado a escolha dos fins que cada ser humano deve perseguir, assim como os valores e as crenças com as quais deve administrar sua vida, pois cada um deve fazê-lo a partir de suas preferências subjetivas.[101]

Maria Auxiliadora Minahim, todavia, adverte sobre a necessidade de se alcançar um equilíbrio na efetivação da autonomia, de modo que seja possível compatibilizar a manifestação da singularidade do sujeito com a solidariedade inerente ao convívio em grupo. A autora destaca também que a ênfase na autonomia em detrimento da organização social pode gerar enfraquecimento dos laços de relacionamento entre os indivíduos[102] e assevera, coadunando com o pensamento de Jakobs, que:

> [...] com o exacerbamento emprestado à autodeterminação, frustra-se a expectativa de que os bens intangíveis alheios efetivamente o sejam. Mais ainda, a função de prevenção geral da pena fica debilitada com comandos que são flexibilizados pela vontade do sujeito passivo.[103]

Minahim reconhece, todavia, que o direito penal, em que pese sua natureza eminentemente pública, com bens jurídicos de interesses comunitários, depara-se com situações na quais se faz necessária a abertura de espaços para o exercício da autonomia individual, notadamente quando a referida situação, apesar de

---

[101] SARMENTO, Daniel. Os princípios constitucionais da liberdade e autonomia privada. *In:* LEITE, George Salomão. *Dos princípios constitucionais*: considerações em torno das normas principiológicas da constituição. São Paulo: Malheiros, 2003, (p. 293-341), p. 296.

[102] MINAHIM, Maria Auxiliadora. *Autonomia e frustração da tutela penal*. São Paulo: Saraiva, 2015, p. 51.

[103] *Ibidem*, p. 53.

abranger aspectos coletivos importantes, comporta relevante significado pessoal. A imposição de uma ação penal vinculada ao arbítrio do particular seria um desses espaços, que teria como finalidade impedir que a proteção oferecida não represente um mal superior do que o já causado pelo ilícito.[104]

A abertura de espaços para o exercício da autonomia individual pela vítima é o caminho que o Direito Penal e a doutrina penal têm seguido em alguns Estados, ao menos em alguns aspectos específicos relacionados aos titulares de bens jurídicos, os quais afastam-se cada vez mais do chamado paternalismo rígido,[105] ampliando o papel da autonomia do titular do bem, com vistas a determinar as respostas criminais a serem adotadas.[106]

Para Schünemann, o paternalismo suave, seja o direto ou o indireto, constituem posições inerentes à ideia de autonomia, pois decisões de autolesão adotadas por pessoas imaturas ou enfermas mentais podem ter resultados irreversíveis que acabem desencadeando um arrependimento das mesmas e, por isso, não precisariam ser respeitadas, mas, do ponto de vista do direito penal: "o respeito à << total>> autonomia da pessoa pode gerar uma inversão dialética, assumindo [...] a forma de paternalismo duro indireto, para proteger típicas debilidades humanas". Não

---

[104] *Ibidem*, p. 56.

[105] De acordo com Heráclito, o paternalismo rígido, também conhecido como paternalismo *hard*, compreende o tipo de paternalismo que intervém sobre as condutas de pessoas com autonomia satisfatória, independentemente de seu consentimento. O paternalismo moderado, também conhecido como *soft* seria aquele cuja intervenção só se operaria sobre as condutas de sujeitos vulneráveis. BARRETO NETO, Heráclito Mota. *Reflexos da bioética sobre o tratamento jurídico do uso de drogas no Brasil*: autonomia x paternalismo. Dissertação de mestrado apresentada para a obtenção de grau de mestre. Salvador: Universidade Federal da Bahia. Disponível em: https://repositorio.ufba.br/ri/bitstream/ri/16605/1/Disserta%C3%A7%C3%A3o%20Mestrado%20-%20Her%C3%A1clito%20Mota%20Barreto%20Neto.pdf. Acesso em: 26 de mar 2019, p. 118.

[106] Destaque-se, entretanto, que o presente trabalho não busca sustentar que a ação penal deveria ser pública e condicionada em casos nos quais o titular do bem jurídico não possui capacidade plena, tais como a incapacidade pela inimputabilidade e pela deficiência mental ou desenvolvimento mental incompleto, posto que em tais circunstâncias a medida se revelaria afrontosa ao direito penal que respeita a autonomia individual. O que se busca aqui é garantir o direito de pessoas maiores e capazes, que possuem completo discernimento para tomada de decisões concernentes à participação ou não da persecução criminal dos crimes sexuais, na medida em que estes representam uma invasão, ainda que relativa, embora grave, na esfera priva individual.

obstante isso, "em caso algum se justifica, contudo, o paternalismo jurídico-penal direto (seja duro, seja suave)".[107] [108].

Teorias como consentimento do ofendido, participação na autocolocação, heterocolocação em perigo consentida e vitimodogmática constituem relevantes evoluções na compreensão do papel do titular do bem jurídico como sujeito de direito e interveniente na ação supostamente criminosa. Por esse motivo, se faz importante analisar cada uma dessas teorias a fim de confrontá-las com a ideologia dominante no Estado brasileiro, demonstrando o equívoco da alteração legal e sua imprescindível reversão, com vistas a implementar um respeito mais efetivo aos direitos individuais do bem jurídico ofendido.

## 3.2 Consentimento do ofendido como mecanismo de respeito à autodeterminação individual

O consentimento do ofendido consiste no ato de concordância do titular do bem jurídico com uma lesão ou perigo a seu bem, de maneira voluntária e autônoma, afastando a reprovação da conduta por parte do Estado. Trata-se de um instituto já a muito presente no sistema jurídico brasileiro, bem como em outros ordenamentos, que busca adequar a intervenção penal aos fins que a mesma se propõe.

Ora afastando a ilicitude, ora afastando a tipicidade conforme a teoria adotada, seu conteúdo é de extrema importância para o Direito, uma vez que materializa o respeito da autonomia individual em face do Estado punitivo.

Por volta dos anos 200 d. C.,[109] Ulpiano já reconhecia o consentimento como causa de exclusão da ilicitude e o próprio Direito

---

[107] SCHÜNEMANN, Bernd. *Op. cit.*, p. 108.

[108] Importante se faz esclarecer, todavia, que o conceito que está sendo utilizado por Schünemann para delimitar o paternalismo, ao menos com base na forma como seu texto foi construído, nos leva a crer que a referida interferência paternalista direta é tomada como sendo a intervenção do direito penal que aplica ao particular uma sanção, a fim de coibir o uso indesejado e tido como prejudicial, tal como ocorre no crime de uso de drogas. Ou seja, a perspectiva utilizada pelo doutrinador a título de coerção e punição é restrita, relacionando-se a aplicação efetiva de pena, ao tempo em que, neste trabalho, toma-se como exercício da forma e imposição de "punição", qualquer medida coercitiva de redução de autonomia e imposição de um comportamento de maneira heteróloga.

[109] Segundo Claus Roxin, o referido jurista defendia o brocado segundo o qual "nulla iniuria est, quae in volentem fiat", que significaria que o ato praticado com a vontade do lesionado

# CAPÍTULO 3
## O PATERNALISMO, O DIREITO PENAL BRASILEIRO E A TENDÊNCIA LIBERAL DO DIREITO PENAL CONTEMPORÂNEO

Romano considerava se tratar de uma, a qual, segundo Claudio Brandão,[110] poderia ser aplicada sem que houvesse restrições em relação aos bens jurídicos que poderiam ser afetados, embora tal informação não seja ratificada por José Henrique Pierangeli que afirma em seu livro a suposta limitação de incidência do instituto.[111]

Paulo Busato indica que a figura era apta à exclusão de delitos de *iniuria*, mas que não seria oponível a crimes contra o Estado, dos quais o homicídio fazia parte. A limitação a bens jurídicos inalienáveis só teria surgido com as ideias de Feuerbach.[112]

A ascensão da Escola Histórica e do Jusnaturalismo desencadeou a decadência do instituto, cujo ressurgimento fora retomado com o rompimento dessas estruturas. No Brasil, a figura do consentimento chegou a fazer parte do projeto Alcântara Machado, mas teve sua positivação excluída do projeto por ser considerado desnecessário por um dos mais importantes doutrinadores da época, Nelson Hungria, e atualmente tem aplicação relativamente diminuta, em razão de sua natureza de causa supralegal de exclusão de ilicitude.

Destaca Luiz Regis Prado que a fonte de inspiração do Direito brasileiro foi o Código Penal Italiano, pois, de acordo com ele, não existem razões para punir quem ofende ou coloca em perigo o bem daquele que consentiu validamente com o feito.

O instituto funcionaria como causa de atipicidade da conduta quando a discordância do agente, expressa ou tácita, fizerem parte do tipo. São delitos nos quais a figura típica só pode ser preenchida se houver contrariedade da vontade da vítima, assim como ocorre nos delitos de estupro, estando evidenciada tal elementar pela conduta nuclear "constranger" e pelo necessário uso da *vis* absoluta ou da *vis* compulsiva, com a finalidade de superar a barreira do dissenso, permitindo que o agente implemente o abuso contra a vontade da vítima.

---

não poderia constituir injusto. ROXIN, Claus. *Derecho Penal Parte general*: la estrutura de la teoria el delito. Trad. Diego Manuel Luzon Penã. Madrid: Ed. Cevitas, 1997, v. 1, p. 511.

[110] BRANDÃO, Claudio. *Curso de Direito Penal*: parte geral. Rio de Janeiro: Forense, 2010, p. 219.

[111] PIERANGELI, José Henrique. *O consentimento do ofendido na Teoria do Delito*. 3. ed. São Paulo: Revista dos Tribunais, 2001, p. 72.

[112] BUSATO, Paulo. *Direito Penal*: parte geral. São Paulo: Atlas, 2013, p. 510.

Como causa de justificação, por outro lado, o consentimento é capaz de afastar a ilicitude e deve incidir nos casos em que o bem jurídico protegido for disponível. Tratar-se-ia de uma renúncia à tutela do Direito Positivo, podendo, de acordo com Regis Prado, ser oposto tanto em relação aos crimes culposos como em relação aos crimes dolosos, em razão da ausência de impedimentos.[113] [114]

Bitencourt também admite o consentimento do ofendido como causa supralegal de exclusão da ilicitude e assevera que o instituto afasta a contrariedade à norma jurídica, ainda que a ação ou omissão se adeque aos modelos abstratos de proibição, desde que recaia sobre bens disponíveis, tais como a lesão corporal, o dano, cárcere privado e furto.[115]

Geerds, apontado pela doutrina nacional e estrangeira como um dos maiores expoentes da teoria do consentimento, foi responsável pela referida classificação dos efeitos do consentimento do ofendido, nomeando a modalidade capaz de excluir a tipicidade de "acordo", enquanto a modalidade de exclusão da ilicitude seria nomeada de "consentimento em sentido estrito".[116]

Para Roxin, é normal que os casos de acordo excluam a lesão ao bem jurídico, pois não haveria lesão quando o afetado concorda com a ação do autor, mas salienta ser a doutrina dominante

---

[113] PRADO, *Op. cit.*, p. 357-359.

[114] Opõe-se, todavia, ao referido entendimento, na medida em que não há como haver consentimento em crimes culposos, na medida em que o titular do bem, assim como o autor da conduta imprudente não almejam a implementação do resultado danoso, além de não possuírem o domínio sobre fato, mas tão somente sobre a produção do risco. Conforme desenvolvido em trabalho anterior "por se tratar de uma expressão da autonomia individual, o consentimento do ofendido não pode se limitar a versar sobre uma parte da conduta perigosa, sendo necessário que tanto a ação, quanto os meios empregados para alcançá-la, além do resultado lesivo tolerado pelo titular do bem jurídico, sejam objeto do consentimento, o que resta inviabilizado diante dos delitos imprudentes, Isso porque, nos delitos culposos, o titular do bem jurídico adere apenas a realização do risco, sem ter como exercer juízo de valor sobre as consequências da ação, uma vez que elas não são projetadas pelo agente da conduta, nem são dominadas pelo mesmo". SANTOS, Natália Petersen Nascimento. *Responsabilidade penal médica em pesquisas clínicas*: um estudo sobre os reflexos da autonomia do voluntário e sua capacidade para consentir com os riscos e danos dos experimentos. Rio de Janeiro: Lumen Juris, 2019, p. 136.

[115] BITENCOURT, *Op. cit.*, p. 403-407.

[116] ANDRADE, Manuel da Costa. *Consentimento e acordo em Direito Penal*. Coimbra: Coimbra, 1991, p. 161.

# CAPÍTULO 3

**O PATERNALISMO, O DIREITO PENAL BRASILEIRO E A TENDÊNCIA LIBERAL DO DIREITO PENAL CONTEMPORÂNEO** | 97

tendente à diferenciação entre os tipos de consentimento e que para essa corrente: [117]

El consentimiento en sentido estricto, cuando es prestado por el portador del bien jurídico, solo tendría el efecto de justificación, pero no el de excluir la realización do tipo [...] Según esta opinión, el consentimiento excluye sólo la antijuridicidad, lo cual se funda la mayoría de las veces en que en el consentimiento descansaría ama renuncia al bien jurídico que tendría fuerza justificante desde el punto de vista jurídico-consuetudinario como consecuencia del derecho de autodeterminación individual o sobre la base jurídico-constitucional de la libertad de acción.

Roxin desenvolve também a ideia de que o consentimento sempre excluiria o tipo penal, partindo de uma concepção liberal de bem jurídico individual. De acordo com o autor, a função dos bens jurídicos seria o livre desenvolvimento individual e por conta dessa característica, a ação lesiva executada a partir da vontade ou tolerância individual do titular do bem seria uma cooperação ao exercício da sua liberdade. O doutrinador complementa sua ideia afirmando que *"la opinión contraria confunde objeto del derecho con bien jurídico: en efecto, se produce un deterioro de la cosa concreta (del objeto del derecho),pero eso no es un ataque a la propiedad, sino un apoyo a su ejercicio".*[118]

Nessa medida, percebe-se que o consentimento do ofendido representa o respeito à autonomia individual, pautado no direito à liberdade de ação de base constitucional. Essa teoria possui respaldo da teoria liberal e possibilita que o sujeito, para o bem ou para o mal, realize escolhas relacionadas à própria vida, conforme seus anseios e suas preconcepções de mundo. Como assinala Roxin, o fundamento da exclusão da ilicitude pelo consentimento residiria na ideia de que os bens jurídicos servem ao livre desenvolvimento individual e que não poderia existir lesão quando a atuação se baseia em uma autorização do portador do bem, pois a disposição constituiria a expressão da vontade individual.[119]

---

[117] ROXIN, Claus. Derecho *Penal Parte general*. Tomo I. Fundamentos. La Estructura de la Teoría del Delito. Traducción Diego-Manuel Luzón Penã, Miguel Díaz y Garcia Conlledo Javier de Vicente Remesal. Madrid: Civitas, 1997, p. 513.

[118] *Ibidem*, p. 517.

[119] *Ibidem*, p. 517.

# NATÁLIA PETERSEN
ESTUPRO: UMA ABORDAGEM JURÍDICO-FEMINISTA

Coadunando com a mesma ideia, Juarez Cirino dos Santos defende o consentimento como forma de renúncia aos bens disponíveis, de modo que haveria um esvaziamento do próprio desvalor do resultado, excluindo, com isso, a tipicidade da ação ou omissão. A exclusão da ilicitude, que decorreria de uma necessária ponderação de interesses, seria esvaziada pelo instituto, de modo que não se poderia sustentar o mesmo como causa de justificação.[120]

Jorge Figueiredo Dias, ao tratar da matéria em seu manual, se contrapõe à opinião suprarreferida, defendendo que a legitimação da força justificante do consentimento decorreria de uma "intenção político-criminal" de permitir, em determinadas hipóteses, a sobreposição do direito individual ao comunitário. O consentimento seria encarado como hipótese de exclusão de antijuridicidade, ocorrendo uma "colisão de interesses em si mesmos dignos de tutela" que ocorreria entre a lesão do bem socialmente protegido e a preservação da autorrealização do titular do bem lesado, de sua autonomia e de sua vontade. Para o autor, a punição da lesão – que não deixaria de existir apenas pela existência do consentimento – seria elencada ao posto de impunível, quando o bem lesado fosse considerado disponível ou quando, frente ao sistema social, sua punição se apresentasse como de relevância inferior à preservação da autorrealização do titular, concedendo-se a prevalência do "sistema pessoal" sobre o social, conferindo, pois, a justificação da conduta a partir do instituto.[121]

Para Figueiredo Dias, somente nas situações de acordo existiria um comportamento de exclusão de tipicidade, pois este seria elemento essencial para a implementação do respeito ao livre desenvolvimento individual e autodeterminação, haja vista que nesses casos não haveria qualquer oposição entre "sistema pessoal" e "sistema social", impedindo, por conseguinte, sua tipicidade.[122]

---

[120] SANTOS, Juarez Cirino dos. *Direito Penal Parte Geral*. 3. ed. Curitiba/Rio de Janeiro: ICPC-Lumen Juris, 2008, p, 271-272.

[121] DIAS, Jorge de Figueiredo. *Direito Penal. Parte Geral*. Tomo I. Questões Fundamentais a doutrina geral do crime. Coimbra: Coimbra, 2012, p. 472.

[122] *Ibidem*, p. 473-475.

Apesar de todos os doutrinadores, sem exceção, identificarem o consentimento como instituto que não recai sobre bens indisponíveis, dentre os quais estaria a própria vida, cujo caráter supraindividual pode ser questionado, na medida em que o ordenamento jurídico, ao menos o brasileiro, é pautado na dignidade da pessoa humana, que desencadearia o respeito direto à autonomia individual e impediria a objetificação do ser, não se pode ignorar se tratar de um importante reconhecimento do valor jurídico da autodeterminação, ainda que relativo à vontade individual frente às intervenções penais.

Qualquer que seja a classificação e a forma de enxergar o consentimento, sua construção é amparada na concepção liberal de respeito à autodeterminação individual. Seja na concepção de Roxin, defendida por Juarez, de que o consenso excluiria o próprio tipo penal por implementar a função do bem jurídico-penal, seja pela concepção defendida por Figueiredo Dias, que embora não compreenda como uma maneira de excluir a lesão, admite se tratar de tolerância do sistema social em relação ao sistema individual pela prevalência da autonomia sobre os interesses punitivos da sociedade.

De uma forma ou de outra, é resguardado o direito do titular de, em certa medida, determinar os caminhos de sua vida conforme sua compreensão de bem e mal-estar, posto que minimamente o sistema lhe reserva algum poder de disposição. O paternalismo jurídico – embora não tenha sido afastado pelo instituto, posto a tabuização de bens cujo perecimento repercute em esferas pessoais e apenas indiretamente sobre os bens jurídicos de terceiros – foi relativizado pela figura. Nada impede, porém, que uma concepção liberal mais densa seja aplicada, sem se deixar de lado a necessária parcela de solidariedade que deve existir no sistema, permitindo que a vontade coletiva não se sobreponha injustificada e arbitrariamente à vontade individual. Tal evolução não depende de um novo instituto, posto que os fundamentos do consentimento são válidos, lógicos e aplicáveis, mas sim de uma ampla discussão em torno dos fundamentos jurídicos e sociais que permitem a classificação de um valor como indisponível pelo sistema penal.

Não se encontram nos livros grandes discussões e elaborações no sentido de fundamentar um bem como disponível ou indisponível, sendo muitas vezes retirado do leitor a possibilidade de refletir sobre esse aspecto. Há uma relativização dos valores que eleva tal cadeia de direitos ao nível do divino, da fé, do metafísico e muitas vezes do inexplicável. Assim sendo, ou o sujeito aceita tal formulação ou não aceita, e dificilmente poderá combater a referida imposição ou discordar desta, já que não conhece os argumentos lógicos que a amparam, quando eles existem.

Figueiredo Dias, ao tentar explicar a vida como bem indisponível, considera como tal aqueles protegidos como "comunitários", o que impediria a invocação do consentimento, inclusive, pelas pessoas nas quais tais bens jurídicos se "corporizam". Dias expõe que a vida, considerada de forma unânime pela doutrina como bem jurídico "absolutamente indisponível" em razão de uma afronta aos bons costumes, estaria elencada como "objeto por excelência da tutela jurídica" pelo sistema social. O mesmo raciocínio seria realizado frente à integridade física, que primeiramente é exposta como disponível, desde que a ação não afronte os bons costumes.[123]

Maria Auxiliadora Minahim afirma que a comunidade possui valores que ultrapassam o âmbito individual para formar os laços que mantém o grupo, os quais seriam inspirados em ideais éticos, na história, pelos próprios costumes e sinalizariam a legitimidade ou não de uma determinada prática consentida. A autora explica que na visão de alguns doutrinadores, o consentimento não teria validade ao que diz respeito aos bens denominados "universais" como a vida alheia, assegurando-se o interesse da comunidade em relação à permanência do tabu.[124]

Roxin aponta, como demonstrado por Minahim, que a tabuização da vida consiste em um recurso capaz de proteger o bem tido como "supremo". Em suas palavras: "totalmente ineficaz es el consentimiento en el caso del bien jurídico individual vida humana" que, embora se reconheça individual, "un consentimiento precipitado o influído por alteraciones psíquicas desconocidas

---

[123] Para Figueiredo Dias, um fato ofenderia os bons costumes sempre que fosse dotado de gravidade (cuja valoração é extremamente subjetiva) e irreversibilidade, fazendo com que a lei valore sua lesão mais gravemente do que a estima à autorrealização pessoal do anuente. DIAS, Jorge de Figueiredo. *Direito Penal*. Parte Geral. Tomo I. Questões Fundamentais a doutrina geral do crime. Coimbra: Coimbra Editora, 2012, p. 481.

[124] MINAHIM, *Op. cit.*, p, 58.

puede causar danõs irreparables, de modo que la víctima debe ser protegida también de sí mesma", razão pela qual Roxin indica que a criação do tabu em relação a qualquer morte não justificada pela legítima defesa acaba consolidando o respeito à vida humana.[125] Notoriamente, trata-se de visões paternalistas que restringem o instituto do consentimento, ao menos no que se refere à tutela da vida humana, justificada em certa medida pela irreversibilidade de seus danos, mas que não são capazes de obscurecer a notória e significativa valorização dispensada à autonomia da vontade do sujeito.

## 3.3 Participação em autocolocação em perigo e heterocolocação em perigo consentida

Os institutos da participação na autocolocação em perigo e a heterocolocação em perigo consentida constituem, igualmente, mecanismos que em certa medida prestigiam a autonomia do titular do bem jurídico. Surgidas no seio da teoria da imputação objetiva de Roxin, visam tratar de ações de colocação em perigo, com a finalidade de excluir a imputação de seu resultado por diferentes critérios. A mesma possui objeto diverso do consentimento, uma vez que este incide sobre condutas intencionalmente lesivas ao bem jurídico, não se restringindo a uma mera intenção de produção de condutas arriscadas.

Tal aspecto fica claro a partir da análise das palavras de Roxin, segundo o qual:[126]

> [...] o consentimento no resultado raramente existe mesmo nos casos de meras lesões, uma vez que aquele que se expõe a um risco costuma confiar em que tudo termine bem; o consentimento na mera exposição de perigo poderia excluir o injusto somente se o resultado não fosse uma de suas partes essenciais.

A participação na autocolocação em perigo se enquadra na conduta daquele que induz, instiga ou auxilia alguém a executar

---

[125] ROXIN, *Op. cit., p.* 529.

[126] ROXIN, Claus. *Funcionalismo e imputação objetiva no Direito Penal.* Tradução e introdução: Luís Greco. 3. ed. Rio de Janeiro: Renovar, 2002, p, 368;

uma ação ou omissão que ponha em risco seu próprio bem jurídico, desencadeando a lesão do mesmo. Seriam hipóteses, por exemplo, o incentivo de alguém a andar sobre uma fina camada de gelo formada sobre um lago ou passear por um campo minado. O termo é autocolocação, em razão de a conduta perigosa ser executada pelo titular do bem que sofrerá as consequências, provenientes dos riscos da ação ou omissão de seu titular.

Diante de um sistema que respeita o princípio da alteridade e a autonomia individual, não restam dúvidas de que a ação perigosa de alguém maior e capaz que repercute danosamente sobre seus bens jurídicos individuais não pode ser punida. A presente discussão recai, porém, sobre a possibilidade de se atribuir ao terceiro instigador responsabilidade pela contribuição a tal ação.

No direito alemão a questão é facilmente resolvida por Roxin, a partir de uma análise de proporcionalidade muito simples. Em sua visão, como tal ordenamento não pune criminalmente a conduta daquele que participa do suicídio de outrem, conduta, por sua vez, autolesiva, não pode simplesmente decidir punir aqueles que participam de uma simples colocação em perigo, cujo domínio causal está nas mãos do titular do bem que pode ser afetado.[127]

A heterocolocação em perigo consentida, todavia, consiste em situações típicas, cuja lesão ao bem jurídico decorre da ação arriscada executada por terceiro, a qual, ao contrário do que é aplicado no instituto anterior, costuma ser, em regra, punível.

A principal diferença entre as duas figuras – auto e heterocolocação em perigo – reside no "domínio do fato", que seria a verificação da autoria da conduta imprudente, segundo o entendimento de Roxin, valendo destaque também a opinião de Dolling, segundo o qual seria possível atribuir a causação "àquele que produz a última e irreversível causa da morte. Se é o terceiro que o faz, a vítima sofre a morte de mãos alheias e o terceiro é o autor".[128]

Ainda, no critério de distinção, assevera Dolling "la participación en la autopuesta en peligro se ha de distinguir la heteropuesta en

---

[127] *Idem*, p. 354.

[128] DOLLING *In*: ANDRADE, Manuel da Costa. *Consentimento e acordo em Direito Penal.* Coimbra: Almeida, 1991, p. 274.

peligro consentida porque en ésta el riesgo para el que se expone al peligro no es dominable de la misma manera".[129]

Apesar da diferenciação dos institutos e seus efeitos, há ainda a possibilidade de que em algumas situações de heterocolocação em perigo os efeitos penais sejam equiparados aos efeitos de uma autocolocação. O doutrinador alemão elenca alguns requisitos que, a partir de uma análise mais acurada, são justamente os aspectos que permitem admitir que, embora sem um controle causal da produção da conduta arriscada, o sujeito lesado com o perigo aceitou submeter-se a ele de forma plenamente consciente. Nessa medida, são apontados como requisitos para a produção dessa equiparação: 1. capacidade de compreensão da vítima acerca dos riscos que serão produzidos; 2. efetivo conhecimento dos riscos pela vítima, devendo haver uma equiparação entre o conhecimento desta e do produtor da ação arriscada, não podendo ocorrer a equiparação se o nível de conhecimento do autor da ação arriscada for, de alguma maneira, superior ao do titular do bem; 3. que o dano decorra dos riscos estritamente assumidos pelo titular do bem afetado e não por riscos acrescidos com os quais ela não teve a oportunidade de concordar; 5. que o produtor da ação arriscada tenha a mesma carga de responsabilidade que o titular do bem jurídico.[130]

Percebe-se que os quatro primeiros requisitos visam garantir que o titular do bem, embora não esteja produzindo a ação ou omissão arriscada, concordou com a colocação em perigo exercendo o máximo de autonomia que era possível na situação. Por isso, os aspectos elencados pelo doutrinador alemão acabam por tutelar através desses critérios, primeiro a consciência do fato e a plenitude das informações que incidiram na tomada de decisão da imposição da ação arriscada, ou seja, a viabilização para uma decisão autônoma em relação ao risco que estava sendo produzido; segundo, que a decisão do titular em relação ao risco seria respeitada, garantindo

---

[129] DÖLLING. Anmerkung zu OLG Zweibrüchen JR 1994, 518, *JR*, 1994, p. 520; el mismo, en GEISLER/KRETSCCHMER/SCHNEIDER (ed.), *FS-Geppert* APUD ROXIN, Claus. La polémica en torno a la heteropuesta en peligro consentida. Barcelona: InDret, 2013, p. 7 . Disponível em: http://www.indret.com/pdf/958.pdf. Acesso em: 13 jul. 2019.

[130] ROXIN, Claus. Funcionalismo... *Op. cit.*, p, 368-370.

que eventual lesão tenha decorrido de uma escolha autônoma de assumir o risco e, por isso, os danos não podem decorrer de riscos acrescidos do executor do curso causal.

Após a análise dos elementos de equiparação, não há que se sustentar imputação do resultado lesivo, justamente por se compreender existir uma margem de autonomia individual, que permite ao titular do bem alguma esfera de disposição, a partir de sua compreensão de bem-estar. Se a posição adotada para tais casos compreendesse que o executor do risco deveria ser punido mesmo diante da concordância do titular do bem em se submeter a ele, estaríamos diante de uma posição paternalista, pois seria uma imputação contrária ao exercício da autonomia individual do suposto ofendido, em prol de seu bem-estar.

A intenção da tutela da autonomia é reforçada quando Roxin manifesta sua opinião acerca das decisões do tribunal superior alemão, no sentido de punir o agente participador da conduta autoarriscada, diante da inexistência de tais conhecimentos por parte do titular do bem. Em que pese tal opinião seja passível de críticas que não serão desenvolvidas no presente trabalho, vale a referência com único intuito de demonstrar a preocupação em relação à adoção de conduta arriscada de modo livre e minimamente consciente, *in verbis*[131]

> [...] é correto, por outro lado, que a nova jurisprudência só não impute a contribuição a uma autocolocação em perigo se aquele que se coloca em perigo conhece o risco na mesma medida que aquele que contribui. Se o provocador 'reconhecer que a vítima não tem consciência do alcance de sua decisão[...] ele cria um risco que não é mais compreendido pela vontade da vítima, cuja realização deverá imputar-se ao contribuidor.

Assim, não restam dúvidas de que tais figuras foram criadas com o objetivo de viabilizar o respeito à autonomia individual, consistindo em institutos não paternalistas, compatíveis apenas com um Estado capaz de compreender seus cidadãos como sujeitos responsáveis e capazes de definir os rumos de suas vidas a partir de concepções particulares de bem-estar.

---

[131] *Ibidem*, p. 360;

## 3.4 Vitimodogmática

Outra teoria que, a primeira vista, contempla a autonomia individual do titular do bem jurídico é a chamada vitimodogmática, que possui como principal idealizador o teórico Bernd Schünemann e pauta-se na ideia de que a vítima, em delitos chamados de "delitos de relação", assim classificados quando o acontecimento punível consiste em uma interação entre autor e vítima, possui contribuição fundamental por não proteger seus bens jurídicos suficientemente, facilitando a produção do resultado típico.

Para Schünemann, respeitando o princípio constitucional da necessidade e adequação, bem como visando condições de eficácia intimidatória, é imprescindível que a ciência jurídica reconheça que a vítima, além de portadora do bem jurídico, consiste em sujeito capaz de renunciar ao referido bem e, quando atua dessa maneira, não pode ser objeto de proteção do sistema penal. Afirma o doutrinador que:[132]

> [...] quando o dano social só pode ser causado por um comportamento da própria vítima, que renuncia a seus interesses, então não é o autor, mas a vítima quem deve ser contra-motivada a agir nesse sentido. E a vítima será tão mais eficazmente intimidada, se lhe for negada a proteção quando a vítima desprezar os seus próprios interesses.

Maria Auxiliadora Minahim entende que a teoria da vitimo-dogmática é uma consequência extremada da autonomia individual, e ressalta que a mesma, assim como outras teorias, a exemplo da autocolocação em perigo e da heterocolocação em perigo consentida, introduz a figura do ofendido no sistema do fato punível, com a intenção de ponderar sua contribuição no perecimento do próprio bem jurídico. Tais teorias, na visão da autora, partem de premissas normativas e de política criminal, ao contrário do consentimento do ofendido que se pauta em premissas pré-jurídicas como fenômeno de exteriorização à vontade.[133]

---

[132] SCHÜNEMANN, *Op. cit.*, p. 117.

[133] MINAHIM, *Op. cit., p.* 85.

Para Minahim, a teoria da vitimodogmática corresponde a uma possível consequência das teorias da vitimologia que concluíram não ser a vítima sempre um sujeito inerte na produção do resultado, colaborando, em muitas situações, de maneira significativa, para a lesão do bem jurídico.

Silva Sanchez demonstra que dessa constatação decorre a necessidade de identificar tais grupos de vítimas e eliminar a "predisposição vitimal", através de medidas de prevenção que recairiam sobre os próprios ofendidos.[134] Essa seria a proposta da vitimodogmática ao vincular a resposta criminal contra o autor ao papel exercido pela vítima na produção do resultado e, como destaca Sanchez, não se trata de uma novidade no ordenamento, posto que o sistema legislativo já o faria em momentos diferentes no código.

No Brasil, inclusive, essa realidade não é diferente, pois o art. 59 do Código Penal prevê expressamente a necessidade de se analisar o comportamento da vítima na sucessão delituosa, quando da estipulação de uma pena base para o delito. Além disso, o comportamento da vítima figura como causa especial de diminuição de pena no delito de homicídio e no delito de lesão corporal grave, nas hipóteses em que esta tenha – por meio de injusta provocação – desencadeado a violenta emoção do autor e contribuído para a ocorrência do fato. A legítima defesa e a retorsão imediata são, igualmente, exemplos de interferência da conduta da vítima que são analisadas para a aferição da punibilidade do comportamento do autor.

Nos delitos culposos, a corresponsabilidade, instituto aplicado pela corrente moderada, permite que a ação imprudente da vítima reduza o grau de reprovação da ação do autor ou mesmo exclua por completo sua responsabilidade, como na hipótese de uma batida de carro, na qual a vítima morre por ter atravessado o vidro em virtude de não ter trafegado com o equipamento de segurança.

Já delitos de omissão revelam inquietude quando a discussão recai sobre os danos derivados da omissão em face de pessoas que não desejam ser salvas. Ressaltando Silva Sanchez que a opinião doutrinária tem evoluído para compreender pela inexigibilidade do salvamento, na medida em que a negativa da vítima em ser

---

[134] SANCHEZ, *Op. cit.*, p. 150

salva romperia o dever de garantia, quando proferida de forma livre e responsável.

Constata-se o respeito à autonomia individual quando a vontade do titular do bem de não se submeter a uma intervenção de salvamento é respeitada pela corrente moderada, em detrimento da preservação compulsória de bens jurídicos tidos majoritariamente como indisponíveis, a exemplo de vida e saúde. Vê-se, pois, que a autonomia individual é tomada como prioridade, eximindo, inclusive, agentes com dever especial de impedir o resultado, respeitando as perspectivas pessoais de promoção do bem-estar.

Em relação a delitos comissivos, a opinião moderada estaria sendo predominante, causando uma redução de pena, por diminuição do conteúdo da antijuridicidade do fato, ou seja, de seu dano social.[135] Segundo Sanchez, "[...] es convicción generalizada la de que debe atenuarse la pena del autor cuando la comisión del hecho se ha visto favorecida por la falta de control de la víctima sobre el sujeto activo o por haber incitado a aquél a cometerlo".[136]

A doutrina minoritária teria desenvolvido o princípio da autorresponsabilidade, também denominado de "princípio vitimológico", o qual desempenharia uma dupla função: inspirar reformas legislativas e restringir o alcance interpretativo dos tipos penais, excluindo a tipicidade quando a vítima não se comportar de forma a impedir ou tentar impedir a lesão ao seu bem jurídico, reduzindo a incidência do direito penal.[137]

Em que pese não exista apenas uma teoria vitimodogmática, a questão central que aproxima as diversas teorias da vitimodogmática é a determinação da influência da vítima na produção do evento danoso e a medida do quanto e como sua ação implica a valoração do comportamento do autor, reduzindo a pena ou excluindo a tutela penal.[138]

---

[135] SANCHEZ, *Op. cit.*, p. 156

[136] *Ibidem*, p. 157.

[137] *Ibidem*, p. 160.

[138] MELIÁ, Manuel Cancio. *Conducta de la víctima e imputación objetiva en Derecho penal*: Estudio sobre los ámbitos de responsabilidad de víctima y autor en actividades arriesgadas. Tese apresentada para obtenção de título de Doutor pela Universidade Autónoma de Madrid. Sem data, p. 346-65.

Para Meliá, algumas teorias vitimodogmáticas não se restringem a suprimir a tutela penal da lesão típica quando a vítima não cumpre seu papel de ser autorresponsável, mas incluem, como medida contramotivacional, uma sanção à sua negligência:[139]

> Arzt, ha afirmado que es '... más sincero amenazar con una pena de bagatela a la víctima del hurto de su coche cuando no había tomado medidas de seguridad respecto de su vehículo, que gravarla de manera mucho más fuerte retirándole la protección del seguro[...]

Ou seja, a medida proposta por Arzt visa "motivar" a vítima a evitar a ocorrência do crime e atuar de maneira responsável, através de uma sanção atribuída a sua conduta supostamente irresponsável, mas a medida reduz o exercício da autonomia individual, atribuindo uma punição que incidirá sobre o próprio titular do bem a fim de que o mesmo atue conforme socialmente se entende como correto e indicado.

As perspectivas expostas no direito processual e no direito material sobre a vítima são contrapostas. Meliá afirma que Schüünemann, o principal teórico em relação à análise do comportamento da vítima no direito material, é um relevante opositor ao fortalecimento do papel da vítima a nível processual, postura bastante criticada por Meliá, na medida em que, para este, seria um contrassenso mensurar o papel da vítima em um processo criminal no qual sua participação não fosse permitida.

Apesar de diversos artigos apontando como teoria de contemplação da autonomia individual, assim como indica o texto de Minahim ao se referir à ideia como "visão extremada da autonomia", seu estudo mais aprofundado permite um questionamento que se faz necessário: seria essa uma teoria que respeita a autonomia, uma teoria paternalista ou uma medida de abandono do Estado à vítima em relação aos bens jurídicos individuais?

Pode-se afirmar, inicialmente, se tratar de teoria que reconhece ser a vítima, antes de objeto do direito, sujeito de direito e ator de seu destino e de sua vida, na medida em que possui papel protagonista da proteção de seus bens, podendo, inclusive, abrir

---

[139] *Ibidem*, p. 367.

mão da tutela dos mesmos. Tais atitudes de disposição precisam ser reconhecidas pelo ordenamento, impedindo que o suposto agente seja responsabilizado exclusivamente por danos cuja contribuição da vítima para salvaguardá-los seja fundamental ou mesmo que a ação da vítima fora imprescindível para produzi-los. Aparentemente, a opção pela exclusão da responsabilidade penal do motorista que produz imprudentemente um acidente de carro, no qual a vítima sofre graves lesões pela ausência do cinto de segurança, que seria capaz de evitar ou reduzir os efeitos danosos caso estivesse sendo usado, parece uma hipótese de aplicação que contempla o respeito à autonomia individual do sujeito.

Nesse sentido, acredita-se possuir fundamental importância a teoria dos papéis sociais de Jakobs, visto que, para a aferição da contribuição do papel da vítima e da reprovação social do autor, faz-se necessário que se aprecie o papel social de cada um dos atores envolvidos, analisando de uma perspectiva ideal qual seria o resultado produzido, no caso de ter a vítima atuado conforme seu papel. Ou ainda verificar, a partir de um juízo hipotético, o grau de consequências lesivas produzidas pela ação da vítima e excluir as mesmas da imputação do autor, respondendo este pelo que efetivamente sua ação seria capaz de produzir.

Independentemente, observa-se como imprescindível a necessidade de aferir a participação da vítima no perecimento de seu bem jurídico, responsabilizando-a pelas consequências que ajudou ou atuou de forma preponderante para sua ocorrência.

Por outro lado, medidas como a punição da vítima para obrigá-la a agir de maneira prudente em relação à proteção de seu bem jurídico podem ser vistas como paternalistas e não devem ser admitidas. Em se tratando de bens jurídicos individuais, o titular deverá possuir liberdade de disposição sobre eles, cabendo ao Estado, sob a vigência de um sistema jurídico-político liberal, respeitar os atos de disposição que afetem exclusivamente o sujeito.

Por fim, ao se tratar de medidas que exigem a pura e simples autoproteção do indivíduo sobre seus bens jurídicos, considerando que sua atuação negligente produzida por erro, ignorância, excesso de confiança ou boa-fé, corresponde a uma ação de renúncia à tutela penal de seus bens jurídicos soa, em verdade, como um abandono do próprio sistema de tutela por parte do Estado.

É inegável que em determinadas situações o titular do bem renuncia a tutela de seus bens jurídicos e isso fica explícito em sua atuação, como no caso de uma pessoa que ingressa em um carro dirigido por um bêbado para participar de um "racha". Nessas situações, a pessoa, de forma consciente vulnerabilizou a proteção de seus bens jurídicos, influenciando de maneira determinante para o resultado danoso e provável. Nesse caso, o motorista do veículo, apesar de poder ser responsabilizado pela batida, não pode ser responsabilizado sozinho pelos possíveis danos produzidos em seus passageiros, desde que todos tenham ingressado de forma voluntária ao veículo e conscientes das circunstâncias. Ao indivíduo deve ser dado o direito de tutela do bem, mas também deve ser vedado o sacrifício dos mesmos, quando está em suas mãos a preservação desses e desde que não afete diretamente interesses de outras pessoas.

Analisando por outro viés, excluir a tutela penal em casos de apropriação indébita ou mesmo de estelionato, quando a vítima não adota meios para a devolução do bem ou quando essa desconfia da situação personifica inadmissível abandono do Estado ao titular do bem. O sistema jurídico não pode exigir do titular que presuma dos demais sujeitos a má-fé ou a maldade, como requisito para a manutenção da tutela penal. Aqueles que emprestam ou depositam seus pertences o fazem por confiança ou por necessidade. A humanidade sobrevive na eterna dicotomia entre o confiar e o desconfiar, mas é difícil acreditar que a confiança no sujeito errado possa configurar uma ação de abandono do próprio bem jurídico.

O ordenamento jurídico exige a atuação individual mediante a boa-fé e esta deve ser devidamente tutelada no ordenamento, não se podendo exigir que o titular do bem presuma nos demais sujeitos a má-fé, enquanto requisito para a tutela.

Trata-se de atuação que restringe a liberdade da vítima ao mesmo tempo em que liberta o autor de suas obrigações de respeito à norma, além de eximir o Estado de seu papel de proteção. Não se deve sustentar que aquele que clara e inegavelmente dispensa a tutela do Estado mereça proteção, mas não se pode considerar que toda ação que contribui para a infração do bem seja uma ação de disposição ou de abandono deste.

Sob tal perspectiva, a mulher que anda em uma zona perigosa, vestindo roupas provocantes, não mereceria a tutela no caso de ser vitimada por uma ação de estupro, pois teria sido imprudente na proteção de sua liberdade sexual. É necessário indagar, porém, se a conduta da vítima é capaz de isentar o autor pelo cometimento do fato típico ou se continuariam existindo razões para o direito penal tutelar a liberdade sexual dessa vítima. Se esta for punida com a extinção da tutela penal, o mesmo tratamento deve ser dado ao indivíduo que, após receber reiteradas ameaças de morte, retira-se de sua casa sem proteção para visitar amigos e acaba sofrendo um atentado.

De fato, se for possível excluir a perspectiva de que tal teoria corresponde a um abandono do titular do bem pelo Estado – que corresponderia a uma medida extrema de consideração da autonomia individual em completo desfavor do sujeito – ou que corresponde a uma posição paternalista, dadas as devidas proporções, pode-se constatar uma tendência significativa de respeito à autonomia individual, na medida em que o titular do bem é tomado como autônomo, capaz de decidir pela disposição de seus bens e responsável direto pelas consequências de suas escolhas.

Se comparada a referida teoria à atual política criminal do Brasil, percebe-se que a alteração legislativa realizada no final do segundo semestre de 2018 ocorreu na contramão do pensamento vitimodogmático. Foi suprimida da vítima de estupro a faculdade de submeter-se a um procedimento investigativo e processual, anulando, portanto, todas as condições pessoais de exercício da autonomia perante o fato. Alinhando-se com o referido pensamento, a medida mais adequada seria a transformação do crime em ação penal privada, ou manter a ação penal como pública incondicionada, posto que o Estado estaria vinculado ao interesse da vítima de tutelar seu bem jurídico ou de não promover utilizar-se dos mecanismos necessários e disponíveis para a preservação da tutela.

CAPÍTULO 4

# A TRANSFORMAÇÃO DO ESTUPRO EM UM CRIME DE AÇÃO PENAL PÚBLICA INCONDICIONADA: ACERTO OU EQUÍVOCO?

Após a revisão do delito de estupro e a sua evolução no curso histórico brasileiro, bem como do liberalismo e paternalismo jurídico aplicado ao Direito Penal, faz-se imprescindível travar a discussão em torno dos tipos de ação penal, seus respectivos fundamentos e características, além das consequências que esta pode desencadear para a pessoa vitimada pelo referido crime contra a liberdade sexual.

Com essa finalidade, abordaremos brevemente o processo de esquecimento da vítima pelos trâmites sancionadores, seguido da abordagem em torno de seu redescobrimento, evoluindo para a descrição e problematização acerca dos tipos de ação penal e do processo de vitimização secundária que é capaz de proporcionar ao ofendido.-

## 4.1 O ostracismo da vítima no processo criminal

A forma como as sociedades lidam com o fenômeno do delito não pode ser vista como única e imutável. Pelo contrário, esta sofreu, ao longo da história, diversas modificações, com a intenção de moldar e otimizar seus efeitos sancionadores às necessidades da coletividade.

O nascimento do processo penal foi uma dessas evoluções, cuja ocorrência objetivou atribuir, ao exercício da força, um grau de impessoalidade e racionalização, que se tornaram necessários quando o Estado retirou do particular o direito de vingança, monopolizando o exercício do poder sancionador. Então, transmutou-se em poder. Enquanto o direito material dita as regras para que algo possa ser considerado ou não um ato criminoso, disciplinando ainda as situações nas quais o Estado deve exercer seu *jus puniendi*, o Direito Processual é aquele que disciplina o caminho que deve ser percorrido pelo titular da força para que se obtenha a autorização da aplicação de seu poder sancionador, ou seja, as regras procedimentais para a formação de um título executivo judicial válido.

Nesse sentido, Aury Lopes Jr. ensina que o direito processual penal é o caminho necessário para que se alcance a pena justa a ser aplicada ao autor do delito, mas que também se trata do caminho que condiciona o exercício do poder penal, uma vez que a sua validade está atrelada à obediência do devido processo legal. O autor reforça a ideia de que o processo penal, na história das sanções, aparece como um divisor de águas, posto que surge a partir do momento em que o Estado suprime do particular o direito ao exercício da vingança privada e toma para si, de forma exclusiva, o direito e o dever de punir. Nesses termos, para diferenciar a sua atuação de uma vingança privada, o direito objetivo passa a ser aplicado como mecanismo de racionalização do poder sancionador estatal.[140]

A partir do momento em que o Estado começa a julgar, aplicar a pena e considerar o crime como um mal a toda sociedade, a vítima – que já havia sido o elemento central da punição – desaparece do cenário criminal e todas as expectativas, estudos e preocupações passam a ser endereçadas à pessoa do suposto criminoso, conforme se constata nos estudos de criminologia e na dogmática penal.

A dogmática preocupava-se com o fenômeno criminal, discutia-se ação, autoria, dolo, culpabilidade. A criminologia preocupava-se com a mente criminosa, com o homem criminoso e com os fatores que influenciavam ou supostamente determinavam essa criminalidade. A vítima restou esquecida.

Guilherme Costa Câmara demonstra que a vingança constitui mecanismo primitivo de solução de conflitos, a partir do

---

[140] LOPES JR., Aury. *Direito Processual Penal*. 12. ed. São Paulo: Saraiva, 2015, p. 33.

qual os particulares reagiam às ofensas produzidas no indivíduo. Essas reações implicavam, quase sempre, o emprego de violência excessiva, em razão da necessidade de demonstração de poder e consistia em mecanismo desprovido de poderes preventivos, pois o excesso no emprego dos meios violentos gerava novos conflitos. Havia uma cadeia de vingança ilimitada, a qual colocava em risco a própria sobrevivência do grupo ou clã. Essa relação teria sido modificada a partir da evolução social e política das civilizações, que acabou proporcionando uma transição para o regime público de aplicação das sanções, culminando no sistema reparatório do Talião.[141]

Segundo Eduardo Viana, "nos primórdios dos registros civilizatórios [...] a justiça tinha caráter essencialmente privado"[142] e o delito era visto como ato atentatório à vítima e ao grupo a que pertencia. O auge da vingança privada teria ocorrido até Idade Média, porém, ainda nesse período, o Estado Absolutista mostrou-se forte, fazendo declinar a vingança privada e passando a vigorar a vingança pública.[143]

No processo penal não foi diferente. Com o advento do monopólio estatal da força, os processos se tornaram predominantemente de iniciativa pública, fazendo desaparecer o protagonismo do ofendido. A adoção do processo inquisitivo faz a vítima perder seu papel central, aplicando-se à mesma uma contribuição meramente acessória. Com o fim da autotutela e o declínio do processo acusatório, a vítima cai em ostracismo, deixa de ter o poder de reação e a pena passa a ser uma garantia de ordem coletiva, exercida pelo soberano.[144]

Explica Vera Malaguti Batista que o novo poder instaurado produziu a expropriação da vítima de seu próprio conflito, em detrimento do Estado embrionário. Com isso, a gestão comunitária é banida, e a vítima passa a ser figurante de um poder que se alimenta de sua própria metodologia de não atuação: "não resolve

---

[141] CÂMARA, Guilherme Costa. *Programa de política criminal orientado para a vítima de crime.* São Paulo: RT, 2008, p. 22-27.

[142] VIANA, Eduardo. *Criminologia.* 4. ed. Salvador: Juspodivm, 2016, p. 134.

[143] *Ibidem,* p. 135.

[144] SHECAIRA, *Op. cit.,* p. 52-53.

o conflito, mas põe em funcionamento o mecanismo que vai unir simbolicamente a culpa com o castigo".[145]

Não apenas o papel da vítima decaiu, como também a atenção aos direitos do acusado passou a ser uma pauta mais forte e constante. A partir da evolução das ideias iluministas, emergem os direitos fundamentais de primeira dimensão, reconhecendo-se, assim, a liberdade e a igualdade, que aplicados ao poder sancionador reclamavam o reconhecimento de princípios limitadores do *jus puniendi* estatal.[146] De acordo com Mello, a partir do reconhecimento de tais direitos, surgem princípios garantidores como legalidade, lesividade, intervenção mínima e humanidade das penas, sendo Beccaria apontado como um "divisor de águas na discussão do tratamento a que eram submetidos os prisioneiros".[147]

Como bem salientado por Aníbal Bruno, nada é capaz de demonstrar de melhor maneira o grau de crueldade que o ser humano é capaz de empreender do que a história das penas, a qual superaria, inclusive, a história dos crimes. Aponta ainda que as penas privativas de liberdade foram o caminho encontrado pelas penitenciárias, à época consideradas "mais modernas", para conduzir a aplicação de sanção com um grau minimamente satisfatório de humanização.[148]

Salienta Basileu Garcia[149] que o livro de Beccaria, escrito em 1764, protestava contra os excessos produzidos pela expiação, os quais já haviam sido abordados por filósofos como Voltaire, Montesquieu, Diderot e Rousseau, mas, segundo o autor, foi sob sua influência que o Direito Penal teria ganhado modificações significativas:

> A análise que BECCARIA empreende é penetrante, ao condenar as disparidades entre as classes sociais, a inexistência de garantias para o acusado, os preconceitos do processo penal então vigente, no qual a tortura

---

[145] BATISTA, Vera Malaguti. *Introdução crítica a criminologia brasileira*. Rio de Janeiro: Revan, 2011, p. 31.

[146] MELLO, Sebástian Borges Albuquerque de. *O conceito material de culpabilidade*. Salvador: Juspodivm, 2010, p. 53

[147] *Ibidem*, p. 70-79

[148] BRUNO, Aníbal. *Direito Penal Parte Geral*. São Paulo: Forense, 1967. t. 3, p. 22-23.

[149] GARCIA, Basileu. *Instituições de Direito Penal*. E-book, p. 130.

representava sólida instituição, que não devia sequer ser discutida [...]

[...] Apesar da calorosa refutação que lhe opuseram alguns Práticos, como MUYART DE VOUGLANS e JOUSSE, o tratado *Dos delitos e das penas* orientou, seguramente, a reforma da legislação, sobre as bases da justiça e da humanidade.

Basileu Garcia atribui aos escritos do Marquês de Bonesana a fundamental influência para a modificação na humanização das leis da Áustria e da Rússia, assim como para a inclusão das regras de igualdade e personalidade das penas na Declaração de direitos do homem, em 1789, além da supressão das penas excessivas e cruéis do Código Francês, em 1791.[150] Com a atenção que passou a ser dispensada ao criminoso, as normas começaram a, cada vez mais, observar os limites do Estado na persecução criminal.

No Brasil não foi diferente. Sinaliza Viana que a vingança privada esteve presente até o período das Ordenações Filipinas, nas quais, embora houvesse a estipulação de um certo monopólio do público sobre a aplicação das penas, ainda resistiam hipóteses de vingança privada.[151] Em 1822, D. Pedro determinou que os juízes criminais lotados no Brasil aplicassem aos acusados as garantias instituídas na Constituição Portuguesa de 1821, estabelecendo-se a prisão vinculada à verificação da culpa; a imposição estritamente necessária de normas penais; proporcionalidade e pessoalidade das penas; assim como a abolição de penas infamantes e cruéis.[152] Em 1832, proclamada a independência, instituiu-se o Código de Processo Criminal, o qual seria, nas palavras de José Frederico Marques, a síntese dos anseios humanitários e liberais que palpitavam no seio da sociedade, apresentando acentuado espírito anti-inquisitorial latente à época, preservando nosso sistema de resquícios absolutistas que ainda estavam presentes em alguns sistemas europeus.

A Constituição Republicana de 1891 transformou o *habeas* em garantia constitucional e, mais à frente na história, após o golpe de Estado de 1937, formou-se uma comissão de juristas para a criação do novo código de processo, que culminou com a publicação do

---

[150] *Ibidem*, 130-131

[151] VIANA. *Op. cit.*, p. 134.

[152] MARQUES, José Frederico. *Elementos de Direito Processual Penal*. 2. ed. Campinas: Milenium, 2000. v. 1, p. 101-102.

Código de Processo Penal de 1941,[153] atualmente vigente, embora tenha sofrido algumas alterações.

De acordo com Eugênio Pacelli, o respectivo diploma normativo teria sido elaborado com bases notoriamente autoritárias, haja vista a influência que teria sofrido do Código Fascista de Rocco, vigente na Itália à época. Neste, valores como a presunção de culpabilidade, agressividade inquisitorial e ilimitada liberdade de iniciativa probatória eram direcionadores do procedimento persecutório.[154] Independentemente disso, verifica-se que o diploma é totalmente voltado para a disciplina dos direitos e deveres do réu, esquecendo completamente de disciplinar aspectos básicos da atuação da vítima no cenário processual.

Em sua redação original, verifica-se que a palavra "vítima" aparece apenas 03 vezes no Código de Processo, a palavra "ofendido" aparece 32 vezes, "ofendida" 05 vezes, enquanto o "réu" é citado 227 vezes, "acusado" 79 vezes e "indiciado" em outras 14 situações.[155]

Quando a palavra "vítima" foi utilizada, buscou-se a limitação e regulação do exercício jurisdicional, mas nenhuma relação com o poder de atuação da mesma dentro do processo criminal. Já quando o termo "ofendido" foi utilizado, percebe-se que, em algumas passagens, há a disciplina de "poderes" deste, embora de maneira bastante precária. Basicamente, utiliza-se o signo para delimitar a iniciativa de ação penal pública condicionada e privada, bem como a instauração do inquérito nessas hipóteses; a obrigação da autoridade de ouvi-lo quando possível; a possibilidade de esta requerer diligência na fase inquisitiva; hipóteses de representação do ofendido em caso de incapacidade ou sua sucessão em caso de ausência e morte; possibilidade de requisição de sequestro de bens, hipoteca legal e garantia para reparação do dano; além da mera menção da possibilidade de sua inquirição.

Após o golpe de 1964, verificou-se a supressão de diversas garantias processuais, a consagração de prisões políticas, o largo uso das chamadas prisões por averiguação e o escancarado abuso

---

[153] *Ibidem*, p. 103-112.

[154] PACELLI, *Op. cit., s/p.*

[155] BRASIL. Decreto-Lei nº 3.689, de 3 de outubro de 1941. Código de Processo Penal. Disponível em: https://www2.camara.leg.br/legin/fed/declei/1940-1949/decreto-lei-3689-3-outubro-1941-322206-publicacaooriginal-1-pe.html. Acesso em: 02 ago. 2021.

A TRANSFORMAÇÃO DO ESTUPRO EM UM CRIME DE AÇÃO PENAL PÚBLICA INCONDICIONADA: ACERTO OU EQUÍVOCO?

de poder do Estado, com situações frequentes de tortura e morte, para o alcance de "verdades processuais" de diversos sujeitos que, supostamente, se insurgiam contra o poder dominante. Tudo isso desencadeou, com grande necessidade e legitimidade, o surgimento de garantias processuais extremamente rígidas na Constituição Federal de 1988, entre as chamadas cláusulas pétreas.

O art. 5ª da referida Carta dedica o total de 78 incisos para tratar dos direitos fundamentais de seus cidadãos, dos quais 28 são relativos aos direitos criminais de acusados ou indiciados. As disposições versam acerca de direitos relativos à prisão, ao processo, ao *habeas corpus*, ao impedimento de produção de provas ilícitas ou instituição de tribunais de exceção, entre outras questões de importante relevo. No que se refere ao direito das vítimas, todavia, não há disciplina específica no âmbito criminal, salvo quando essa vítima é o réu que sofrera com os abusos do Estado.[156]

Importante salientar, que não se discute aqui a relevância da atenção conferida ao acusado, que, como ser humano, deve ter seus direitos respeitados e reconhecidos pelo poder estatal, principalmente quando se submete a uma persecução criminal, onde figura como parte mais vulnerável do processo. A disciplina dos direitos do acusado, indiciado, réu, seja lá como esteja descrito nos instrumentos de garantia, serve para reforçar o sistema democrático de respeito ao indivíduo e a dignidade da pessoa humana, não podendo ocorrer de modo diferente, sob pena de se permitir o seu paulatino sacrifício.

O Estado, principalmente o judiciário, costumeiramente é integrado por pessoas que se esquecem da falibilidade de seus prepostos e da instituição como um todo, fazendo com que a população reiteradamente assista manifestações de poder contrários às garantias constitucionais, quando não lideram movimentos de supressão dessas garantias, as quais foram alcançadas com muito sacrifício. Ignoram que o respeito ao princípio da não culpabilidade, da inercia, da vedação de provas ilícitas ou do tribunal de exceção, bem como o respeito à dignidade da pessoa humana devem

---

[156] Notadamente quando este tiver ficado preso por mais tempo que o permitido ou por erro do judiciário, disposição atualmente em desuso por decisões arbitrariamente proferidas pelo próprio judiciário.

resguardar, não apenas uma condição humanitária mínima para o processamento do acusado, como também preservá-lo, o máximo possível, de um resultado falho, capaz de condenar um inocente. Já dizia João Ubaldo Ribeiro, "não existem fatos, só existem histórias",[157] nenhuma prova é neutra. Nenhum documento, seja ele qual for, é capaz de transmitir o que efetivamente ocorreu, nada mais se tem no processo do que um conjunto de elementos que, interpretados, fará alguém (o juiz) se convencer de que houve ou não um delito. Por isso, o devido processo legal é fundamental para que se evite, entre outros reflexos, a imposição arbitrária de sanções penais, as quais podem, inclusive, alcançar pessoas inocentes se esses princípios não forem observados, o que, dentro de um efetivo Estado Democrático, é inadmissível.

Não obstante isso, salta aos olhos a precária atenção que a vítima teve dispensada durante todo esse caminho histórico, seja no código de processo, na Constituição ou no Código Penal, bem como a relevância que tal figura alcança em artigos e outros textos que discutem a disciplina.

Todos os estudos e atenções encontram-se direcionados ao réu, ao indiciado, acusado, no autor do delito, mas, pergunta-se: quais são os direitos da vítima nesse processo penal? Qual é a contribuição da vítima no evento criminoso? Para o processo ela deve ser tratada como um mero elemento de prova, o qual, além de tudo é concebido como viciado pelos hipotéticos interesses reparatórios que teria?

Esta também se submete a um processo aviltante, capaz de causar constrangimentos que nem sempre se justificam ou compensam o resultado da persecução criminal.

O processo penal – afirma Busato – deve ser visto como mais do que um instrumento de realização do direito material, pois constitui mecanismo de garantia de direitos, na medida em que se trata de meio para o alcance de uma resposta estatal que se resume a duas possibilidades igualmente aflitivas, respectivamente, a pena e a medida de segurança.[158]

---

[157] RIBEIRO, João Ubaldo, 1941. *Viva o povo brasileiro*. Rio de Janeiro: Nova Fronteira, 1984, p. 8.
[158] BUSATO, Paulo. *Direito Penal Parte Geral*. São Paulo: Atlas, 2013, p. 979-980.

Nesse cenário não há discordância entre os doutrinadores, afinal, o Direito Penal nada mais é que o "*malum propter malum*", como bem destacado por Bruno.[159] Ocorre, no entanto, que, como já sinalizado, a aflição não se resume àquela desencadeada para o réu, apesar dos sistemas penais e processuais penais sempre serem vistos, pensados e criticados sob o viés do autor do delito e réu da persecução criminal.

A vítima fica renegada. Esquece-se que o processo é aflitivo para o réu, porém igualmente aflitivo para a vítima, mesmo que a partir de olhares e aspectos diferentes. Ignora-se que enquanto o réu é atingido com o prolongamento do processo penal demorado e arrastado, sem saber que resultado este terá, a vítima igualmente sofre enquanto este não se encerra, pois até lá a transgressão de seu direito ficará impune e a mesma só saberá se haverá ou não aplicação de sanção para o transgressor depois de transcorridos todos os trâmites processuais.

A indenização da vítima, quando chega a ser paga, fica vinculada ao encerramento do processo com provas suficientes, havendo uma lista de direitos que garantem o mínimo de aflição ao réu, mas que se esquecem de que o ofendido sofreu com as suas atitudes, as quais poderiam ter sido evitadas, já que praticadas de forma plenamente autônoma.

Por outro lado, a mesma dogmática que discute o direito ao silêncio do acusado não pensou ou discutiu se esse mesmo direito é dado à vítima, que pode, em uma ação penal pública incondicionada ser intimada a depor sobre uma situação na qual seu depoimento desencadeie constrangimento ou invasão a sua privacidade.

No mesmo sentido, consolidou-se jurisprudencialmente o entendimento segundo o qual o réu não é obrigado a comparecer à audiência, podendo requerer dispensa perante o juiz da causa. O mesmo não acontece em relação à vítima que é obrigada a comparecer perante o juiz para prestar esclarecimento, sob pena de ser conduzida coercitivamente perante o magistrado da causa, se sua ausência for injustificada, conforme dispositivos expressos do códex processual.

---

[159] BRUNO. *Op. cit.*, p. 17.

Nas discussões acadêmicas travadas por livros, artigos e debates, há um consenso acerca da impossibilidade de submeter o réu a constrangimento desnecessário e aviltante à sua dignidade, mas essa disposição não é igualmente seguida quando se trata da vítima, cenário que resta insustentável quando agregado ao direito amplo e irrestrito à defesa por parte do acusado. Com isso, permite-se que a defesa constranja a vítima com perguntas peculiarmente desconcertantes, senão desrespeitosas. Submetem-na a insinuações indecorosas, cobranças de lembranças que, muitas vezes, não deveriam ser lembradas no hostil ambiente processual, pelo bem da sanidade mental daquele que supostamente se deseja proteger.

A doutrina não parece se importar com o sentimento e as repercussões nocivas que o processo e o direito desencadeiam na vítima. Talvez isso decorra da supervalorização que a dogmática, que estuda o crime voltando seus olhos para a análise do fato, dá à ação criminosa, centrada na aferição da lesão proporcionada. Talvez pelo fato de que nossos doutrinadores sejam em sua grande maioria advogados e promotores e, tanto esses quanto aqueles possuam atenção voltada para o acusado em suas vivências práticas, na medida em que os primeiros estão, na maioria das oportunidades, envolvidos na defesa do acusado e das condutas perpetradas por ele, ao tempo em que os segundos estão envolvidos com a punição pura e vazia do autor do delito, pela mera violação da norma penal.

A vítima muitas vezes não aparece, não tem rosto, não tem sofrimento, não contribui para o delito, não faz diferença para as partes, nem para os que se dedicam a pensar o direito. Em razão desses aspectos, toda a doutrina dedica-se a criticar as mazelas proporcionadas pelo processo penal como mecanismo aflitivo de imposição de uma pena. Busca-se a garantia dos direitos do acusado, o qual, além de poder ser inocente, é um ser humano, e continuará sendo mesmo após ter sido declarado culpado, mas essa mesma doutrina se esquece que a vítima também é maltratada pelo processo, também é vulnerável e também é humana, além de já ter sido anteriormente violada pelo delito.

Nesse sentido, a vitimologia, introduzida por Benjamim Mendelson, após a Segunda Guerra Mundial, em 1956, a partir de seu livro *Vitimologia*, constitui uma vertente da criminologia que se dedica à compreensão do papel da vítima no desencadeamento do

# A TRANSFORMAÇÃO DO ESTUPRO EM UM CRIME DE AÇÃO PENAL PÚBLICA INCONDICIONADA: ACERTO OU EQUÍVOCO?

fenômeno criminal. O citado autor foi responsável não apenas pela introdução do estudo, como também pela criação de classificações de vítimas, as quais são usadas até hoje, tais como a "vítima ideal"[160] e a "vítima provocadora".

Tratando sobre a temática, Heitor Piedade Jr. indica Lola Aniymar de Castro como precursora da Vitimologia na América Latina, a qual enxergava o estudo vitimológico como algo que superava a mera análise da contribuição da vítima na produção do fato delituoso. Para a autora, fazia-se necessário o estudo de elementos como a personalidade da vítima e os aspectos criminógenos que interferiam na aproximação entre esta e o autor do crime.[161]

Larisse Vasconcelos destaca que ambos os autores, apesar de introduzirem uma necessidade de aferição da conduta da vítima para a formação do ato delituoso, o fazem a partir de costumes e compreensões das épocas nas quais estavam inseridos. Em outras palavras, se tratava de uma Vitimologia cunhada através de costumes que não enxergavam homens e mulheres como iguais. Tratava-se, pois, de uma vitimologia totalmente desconexa dos paradigmas vitimológicos da chamada "nova vitimologia", amparada nos direitos humanos[162] e com aferições muito distantes da criminologia radical feminista.

Soraia da Rosa Mendes reforça o entendimento supraexposto, quando refere a crítica elaborada por Mendelsohn à teoria determinista lombrosiana, que considerava a tese de predisposição equivocada por entender que a vítima era responsável pela ocorrência do delito por oferecer oportunidades ao autor. Essa lógica de raciocínio acabou originando justificativas discursivas que

---

[160] Segundo Edgard Moura, Mendelson delimitava como vítima ideal ou inocente aquelas que não tiveram nenhuma participação na ocorrência do delito, enquanto a vítima provocadora seria aquela que colabora para com a ocorrência do delito, seja por imprudência, ignorância ou colaboração voluntária. BITTENCOURT, Edgard de Moura. *Vítima*: vitimologia, a dupla penal delinquente e vítima, contribuição da jurisprudência brasileira para a nova doutrina. São Paulo: Editora Universitária de Direito, 1978, p. 58-59.

[161] PIEDADE JÚNIOR, Heitor. *Vitimologia*: evolução no tempo e no espaço. Rio de Janeiro: Biblioteca Jurídica Freitas Bastos, 1993, p. 83.

[162] VASCONSELOS, Larisse Salvador Bezerra. *Por uma percepção mais ampla da "nova" vitimologia dentro do processo penal ordinário*. Dissertação apresentada ao Programa de Pós-Graduação em Direito da universidade Católica de Pernambuco – UNICAP, como exigência parcial para obtenção do título de Mestre em Direito, 2018, p. 40.

atribuíam, e atribuem até os dias atuais, às mulheres a responsabilidade pela ocorrência dos delitos de estupro.[163]

Em que pesem tais bases de criação, Vasconcelos identifica que a vitimologia também irá influenciar questões de política criminal, que acabaram repercutindo na discussão de procedimentos relativos ao processo. Afirma também que apesar da matéria lançar maiores preocupações sobre a reparação e proteção da vítima, "boa parte das considerações desses estudos ainda parecem ser totalmente centrais na figura do acusado".[164]

Embora os estudos vitimológicos tenham evoluído com o passar do tempo, podendo-se indicar pelo menos três vertentes principais da matéria (positivista, a radical e a crítica), essa modificação de panorama não se mostra suficiente para desencadear uma alteração de perspectiva processual em relação às vítimas, tampouco se mostra capaz de minimizar os diversos processos de vitimização a que se submetem as mesmas.

A referida precariedade ganha especial importância, como se demonstrará a seguir, quando nos deparamos com as alterações perpetradas pela Lei nº 13.718/18, que modificou a redação do art. 225 do Código Penal vigente, considerando que os crimes contidos nos capítulos I e II do Título VI do *códex supra* passariam a ser de ação penal pública incondicionada e não mais de ação penal pública condicionada a representação, como previsto anteriormente.

## 4.2 Revisão acerca dos tipos de ação penal

Na legislação brasileira, o delito de estupro já se submeteu a todos os tipos de ação penal previstos no ordenamento jurídico pátrio. Apenas a título de curiosidade, a primeira redação adotada pelo código de 1941 impunha para a sua persecução criminal a

---

[163] MENDES, Soraia da Rosa. *(Re)pensando a criminologia*: reflexões sobre um novo paradigma desde a epistemologia feminista. Programa de Pós-graduação em Direito da Universidade de Brasília, 2012, p. 53. Disponível em: http://repositorio.unb.br/bitstream/10482/11867/1/2012_SoraiadaRosa Mendes.pdf. Acesso em: 22 jul. 2019.

[164] VASCONSELOS, Larisse Salvador Bezerra. *Por uma percepção mais ampla da "nova" vitimologia dentro do processo penal ordinário*. Dissertação apresentada ao Programa de Pós-Graduação em Direito da universidade Católica de Pernambuco – UNICAP, como exigência parcial para obtenção do título de Mestre em Direito, 2018, p. 39.

ação penal de natureza privada, acolhendo a possibilidade de sua propositura pelo Ministério Público em restritivíssimas hipóteses, conforme discorrido anteriormente.

Com a reforma promovida pela Lei nº 12.015/09, o delito em referência passou a ser considerado de ação penal pública condicionada a representação, quando praticado contra vítima menor de 18 anos[165] o que durou aproximadamente nove anos, vindo a ser modificado pela Lei nº 13.718/18, que, conforme já exposto, tornou o delito de ação penal pública incondicionada.

Enquanto consignou-se que o processo penal é o caminho adotado pelo Estado para a produção de um título executivo judicial, aplicando-se o direito material ao caso concreto, e por isso nomeado de "processo", a ação penal consiste no direito de invocar o poder judiciário à aplicação do direito subjetivo ao caso concreto.[166]

Esse é o entendimento de Aury Lopes Jr. que considera como "ação" o "poder político constitucional de acudir aos tribunais para formular a pretensão acusatória", considerando que a referida pretensão deve ser entendida como direito potestativo através do qual se narra um acontecimento aparentemente delituoso. Ainda segundo o autor, tal conceito deve servir exclusivamente ao processo acusatório que se materializa pelo oferecimento de uma denúncia ou queixa.[167]

Para Paulo Busato, a ação penal deve ser entendida como "o mecanismo utilizado pelo Estado para viabilizar o cumprimento do seu dever punitivo",[168] havendo na doutrina discussões sobre a natureza de direito ou de instrumento da mesma. Considera-se, porém, que além da ação consistir o direito de pleitear ao Estado-Juiz a aplicação do direito material ao caso concreto, "ação" também pode ser entendida como o instrumento do processo que viabiliza a efetiva entrega da prestação jurisdicional, pois tanto há o exercício do "direito de ação" como há a propositura de uma "ação-instrumento" para a investigação e processamento do delito. Essa

---

[165] Apenas a título explicativo, os crimes praticados contra pessoas em idade inferior a 18 anos já eram de ação penal público incondicionada desde a Lei nº 12.015/09.

[166] MARQUES, *Op. cit., p.* 348

[167] LOPES JR. *Op. cit.,* 185-6

[168] *Ibidem,* p. 981.

discussão, contudo, não se apresenta como relevante para o presente trabalho, de modo que não será desenvolvida mais profundamente. Tomaremos como pressuposto que a ação penal, seja ela vista como direito ou como instrumento, pode ser classificada como pública ou privada, possuindo para cada uma dessas vertentes características e regramentos próprios, com consequências diferenciadas.

A ação penal pública consiste no meio de buscar a aplicação do direito material que tem como titular legítimo o Ministério Público. É o membro ministerial que possui, ao menos a princípio, exclusiva capacidade para a propositura da ação penal, a qual pode ser subclassificada em incondicionada e condicionada.

As ações penais públicas incondicionadas constituem a regra no processo penal brasileiro, por força do art. 100 do Código Penal, segundo o qual a ação penal deve ser pública, salvo quando expressamente a norma determinar o contrário. Quando a ação for de natureza pública condicionada ou privada, deverá haver expressa previsão legal.[169] Trata-se de uma regra no processo criminal e fundamenta-se, hipoteticamente, na necessidade do Estado de tutelar os bens fundamentais à convivência social pacífica.

Esse tipo de ação é orientada por princípios específicos, como obrigatoriedade, indisponibilidade e oficiosidade, os quais acabam representando a essência desta e sua diferença em relação às demais.[170]

Segundo o princípio da oficiosidade, o Ministério Público e a autoridade policial não dependem de qualquer tipo de autorização, para que se proponha uma ação penal ou que se instaure um procedimento investigativo. Desde que preenchidos os pressupostos processuais ou que existam evidências da ocorrência do delito, eles estão autorizados/obrigados a agir. O Ministério Público deverá propor a referida ação, assim como a autoridade policial está igualmente legitimada para iniciar a investigação criminal. Em outras palavras, os agentes oficiais possuem autorização de atuação *ex officio*, podendo e devendo agir mesmo sem provocação.

---

[169] BRASIL. *Código Penal de 1940*.

[170] Para as ações penais públicas incondicionadas, Nestor Távora e Rosmar Alencar elencam um total de sete princípios, quais sejam: obrigatoriedade, indisponibilidade, oficialidade, oficiosidade, autoridade, indivisibilidade e Intranscendência.

O princípio da obrigatoriedade, por sua vez, determina ser compulsória a propositura da ação penal, desde que demonstrados os indícios suficientes de autoria e materialidade delitivas. Ou seja, recai sobre o órgão acusador a obrigação de intentar a ação penal, independentemente de sua vontade ou da vontade do ofendido.

Sobre esse princípio orientador, manifesta-se Pacelli afirmando que não se reserva ao *parquet* nenhum grau de discricionariedade na atribuição de conveniência e oportunidade em relação à promoção da ação, o que o impede de suspender o trâmite caso compreenda que a ação de algum modo prejudicará alguém (como no caso de uma vítima que não quer se expor). Afirma, contudo, que o Ministério Público estaria autorizado a requerer arquivamento da demanda quando cabalmente comprovada a ocorrência de causas excludentes de ilicitude ou culpabilidade, ou ainda de insignificância e ausência de lesividade do fato.[171]

A opinião *retro* é bastante polêmica, haja vista permitir ao órgão legitimado à propositura da ação um juízo que não comporta parâmetros objetivos de aferição, delegando ao mesmo certo grau de discricionariedade.

De acordo com José Antônio Paganella Boschi, a elevada expressão da violação, a relevância dos bens jurídicos penais afetados e a qualidade da parte ofendida constituem as razões que impõem, nos crimes de ação penal pública, o dever funcional de agir. Aponta ainda que a obrigatoriedade decorre do entendimento segundo o qual o direito de punir é uma necessidade que atende ao sentimento de justiça. Quando seu fundamento repousa na mera utilidade social, condiciona-se o oferecimento da ação à conveniência pública desta, atrelando o referido direito ao princípio da oportunidade.[172] Essa tendência tem origem romano-germânica, e fora instituída com a finalidade de evitar manipulações por parte do órgão acusador ou de pressões externas que este possa sofrer.[173]

Nas ações que ficam submetidas ao rito da Lei nº 9.099/95, que não é o caso do delito de estupro, essa obrigatoriedade

---

[171] PACELLI... *Op. cit.*, s/p e-book.
[172] Que nesse caso atenderá aos interesses do órgão acusador.
[173] BOSCHI. *Op. cit.*, p. 170.

ficaria vinculada a outros requisitos como a impossibilidade de oferecimento de suspensão condicional do processo e transação criminal, mas, ainda assim, haveria a obrigatoriedade quando tais institutos não restam implementados.

O princípio da indisponibilidade também rege esse tipo de ação e está respaldado no art. 42 do Código de Processo Penal, que determina de forma clara e objetiva que "o Ministério Público não poderá desistir da ação penal".[174] Isso significa que uma vez intentada a ação penal, não se manifestando o *parquet* pelo seu arquivamento, este não poderá abandonar a demanda, ainda que mude de ideia no curso do processo sobre a culpabilidade do réu.[175] Nesses casos, caberá ao acusador pleitear a absolvição do denunciado, o que, de maneira bastante controversa, deverá ser decidido pelo juiz da causa.[176]

Nesse modelo de ação, a pública incondicionada, a vítima terá sua participação restrita a duas hipóteses, quais sejam: como assistente de acusação, podendo interferir de maneira relativamente limitada no resultado útil do processo; ou como ofendido, se tornando mero elemento de prova.

Perceba-se que na condição de assistente de acusação o papel do ofendido é subsidiário ao papel do Ministério Público. Este, por intermédio de um advogado, deverá requerer habilitação processual até o momento de prolação da sentença e poderá participar de todos os atos processuais que não tenham ocorrido ainda. O assistente ainda poderá indicar provas a serem produzidas, inquirir testemunhas, interrogar o réu, razoar recursos ou, subsidiariamente recorrer.

Todavia, a disciplina da assistência é vaga, imprecisa. Sabe-se que o ofendido presta uma espécie de auxílio ao Ministério Público, mas os limites de sua atuação e poderes não são bem desenvolvidos e muitas vezes restam prejudicados.

---

[174] BRASIL. *Código de Processo Penal de 1941.*

[175] TOURINHO FILHO, Fernando da Costa Tourinho. *Prática de Processo Penal.* 35. ed. São Paulo: Saraiva, 2014, p. 203

[176] Atenta-se aqui para o fato de que o titular da ação penal é o Ministério Público, não havendo lógica na subsistência de uma condenação quando este pugna pela absolvição da parte. Embora seja de difícil ocorrência, não existem impedimentos legais para que, em sede de ação penal pública, seja proferida uma sentença condenatória nestes casos.

Tal situação fica evidente na hipótese de indicação de provas a serem produzidas, direito esse garantido pela norma processual ao sujeito assistente. Em que pese essa previsão legal exista, percebe-se, a partir da *práxis*, que geralmente o ofendido não consegue indicar as testemunhas, ou mesmo auxiliar o *parquet* em sua escolha. Isso ocorre porque, apesar de consistir em um direito da vítima o seu ingresso como assistente de acusação, não há, por outro lado, nenhum tipo de garantia ou comando que imponha a sua comunicação quando do oferecimento da exordial acusatória. Nesses termos, o ofendido acaba requerendo sua habilitação em momento processual posterior ao oferecimento da peça inicial, ingressando na ação quando precluso o direito ao oferecimento do rol de testemunhas.

Em se tratando de um crime de estupro, essa realidade pode prejudicar demasiadamente o curso do processo, na medida em que as provas são difíceis e limitadas, podendo representar uma falha fulminante que implique negativamente no resultado final da demanda.

Quando a vítima não se habilita na condição de assistente, ainda figurará no processo como meio de prova. Nesse caso, uma vez intimado, o ofendido está obrigado a comparecer perante juízo, a fim de prestar suas declarações sobre o fato (circunstâncias da infração, suposta autoria, provas que possa indicar).[177]

A questão, então, passa a ser os direitos do ofendido. O dispositivo que determina sua oitiva, por exemplo, também indica ser a obrigação do mesmo obedecer ao comando judicial, de modo que sua ausência injustificada ao ato, desde que devidamente intimado, permite ao magistrado adoção de uma condução coercitiva. Isso, desde já é controverso, pois, em tese, o Estado teria retirado da pessoa prejudicada pelo delito seu poder de autotutela, tomando para si a obrigação de proteção. Entretanto, quando o Estado-juiz a obriga a comparecer e a conduz coercitivamente como imposto por esse comando, acaba prejudicando ainda mais o sujeito passivo do delito.

Sobre a questão, Nucci defende que a vítima não pode ser considerada testemunha e elenca como razões para tal entendimento:

---

[177] Art. 201 do Código de Processo Penal de 1941.

a situação "geográfica" da mesma no código de processo; o uso da palavra "declarações" em vez de "depoimento" pela própria lei; a possibilidade da vítima indicar provas; o fato desta não ser computada no número limite de testemunhas; e seu interesse na eventual condenação.[178] O autor, apesar de defender a diferença entre ambas as personagens, admite que as declarações do ofendido constituem meio de prova. Além disso, considera ser obrigatória a sua oitiva, em homenagem ao princípio da verdade real.

Para Nucci, existe uma impossibilidade de processamento da vítima por falso testemunho, considerando que, assim como o réu, esta poderia mentir, pois não seria compromissada. No mesmo sentido, considera ser-lhe franqueado o uso do direito ao silêncio de modo idêntico ao réu.

Contraditoriamente, porém, o autor *supra* defende a possibilidade da condução coercitiva do sujeito passivo do delito, em respeito à verdade real e à obrigatoriedade de colaboração com o Poder Judiciário.[179]

Sobre a questão, Antônio Scarence Fernandes não apenas considera poder haver a condução coercitiva da vítima regularmente intimada para interrogatório, como também considera cabível seu processamento pelo delito de desobediência.[180] Não fosse suficiente, o referido autor também considera a submissão ao exame de corpo de delito obrigatória, sob pena de condução coercitiva e punição pelo crime de desobediência. Alega, porém, que nos casos em que tais procedimentos forem invasivos e ofendam a integridade ou a intimidade da vítima, ela estaria desobrigada.[181]

Aury Lopes Jr., apesar de concordar que o ofendido não pode ser considerado testemunha por se tratar de pessoa interessada, admite a condução coercitiva deste em caso de não comparecimento de audiência. Em posição contrária à demonstrada por Nucci, Lopes

---

[178] NUCCI... *Op. cit.*, p. 400-1.

[179] *Ibidem*, p. 401-3.

[180] Segundo Tourinho Filho, "uma vez intimado a prestar declarações, se o ofendido deixar de atender ao chamamento, sem motivo justo, poderá a autoridade mandar conduzi-lo à sua presença, segundo a regra do §1º do art. 201 do CPP, com redação dada pela lei n. 11690/2008 [...]" TOURINHO FILHO, Fernando da Costa. *Prática de processo penal*. 35. ed. São Paulo: Saraiva, p. 307.

[181] FERNANDES... *Op. cit.*, p. 126-146.

Jr. defende a impossibilidade da vítima de invocar o direito ao silêncio, sob o fundamento de que este seria adstrito ao acusado.[182]

---

[182] A jurisprudência recente mantém este entendimento, o qual fora exposto pelo Ministro Celso de Mello em seu voto como Relator da ADPF nº395, publicada em 14/06/2018, *in verbis*: "Nesse contexto, a condução coercitiva – designada como condução "debaixo de vara" pelo Código do Processo Criminal de Primeira Instância do Império de 1832 (art. 95) – qualifica-se como instrumento juridicamente destinado a viabilizar o depoimento de testemunhas, a declaração de vítimas ou ofendidos e, ainda, o esclarecimento de peritos quanto ao laudo técnico por eles produzido. Vê-se, daí, que a utilização, sempre excepcional, desse meio instrumental não constitui uma finalidade em si mesma, pois a condução coercitiva não se esgota em si própria, na medida em que objetiva a realização de fins autorizados pela legislação. Para que se legitime essa extraordinária medida, impõe-se que a condução coercitiva – tratando-se de testemunhas, ofendidos ou peritos – atenda a determinados requisitos, sob pena de o emprego dessa providência excepcional constituir prática estatal abusiva e transgressora das normas que compõem o ordenamento positivo do Estado. Entendo, bem por isso, que o mandado de condução coercitiva, para ser validamente expedido e efetivado, depende, quanto a testemunhas, ofendidos ou peritos, da conjugação de determinados pressupostos, a seguir indicados: (a) prévia e regular intimação pessoal daquele que é convocado a comparecer perante autoridade estatal competente, (b) não comparecimento ao ato processual designado e (c) inexistência de causa legítima que justifique a ausência ao ato processual que motivou a convocação. Essa percepção do tema encontra apoio em autorizado magistério doutrinário (RENATO BRASILEIRO DE LIMA, "Código de Processo Penal Comentado", p. 660, 2. ed., 2017, Juspodivm; FERNANDO DA COSTA TOURINHO FILHO, "Código de Processo Penal Comentado", v. 1/707-708, 15. ed., 2014, Saraiva; ANTONIO LUIZ DA CÂMARA LEAL, "Comentários ao Código de Processo Penal Brasileiro", v. II/53 item n. 609, 1942, Freitas Bastos; FERNANDO CAPEZ e RODRIGO HENRIQUE COLNAGO, "Código de Processo Penal Comentado", p. 234, 2015, Saraiva; RENATO MARCÃO, "Curso de Processo Penal", p. 516, item n. 10.1.10.10.3, 2014, Saraiva; MARCO ANTONIO MARQUES DA SILVA e JAYME WALMER DE FREITAS, 'Código de Processo Penal Comentado', p. 356/357, 2012, Saraiva; EDILSON MOUGENOT BONFIM, 'Código de Processo Penal Anotado', p. 483, 4. ed., 2012, Saraiva, v.g." BRASIL. Disponível em: http://www.stf.jus.br/arquivo/cms/noticiaNoticiaStf/anexo/Apdf395VotoCM.pdf. Acesso em: 01 jan. 2019.
Conforme restou demonstrado, a possibilidade de imposição de "colaboração" da vítima, submetendo-se a oitivas e perícias é reconhecida pelo STF, desde que havendo o preenchimento de três requisitos, quais sejam, a intimação regular determinada por autoridade judiciária, o seu não comparecimento e a ausência de justificativa idônea.
No mesmo sentido é possível encontrar decisões nos tribunais estaduais:
"APELAÇÃO CRIMINAL. VIOLÊNCIA DOMÉSTICA. AMEAÇA (ART. 147 DO CÓDIGO PENAL). SENTENÇA IMPROCEDENTE. RECURSO MINISTERIAL. PRELIMINAR DE CERCEAMENTO DE ACUSAÇÃO. *INDEFERIMENTO DE PRODUÇÃO DE PROVA AO REJEITAR A CONDUÇÃO COERCITIVA DA VÍTIMA E DAS INFORMANTES PARA PRESTAREM ESCLARECIMENTOS EM JUÍZO.* IMPRESCINDIBILIDADE DAS PALAVRAS DAQUELA E DAS INFORMANTES, UMA VEZ QUE INSUFICIENTE O ACERVO PROBATÓRIO CONSTANTE NOS AUTOS, POR CONTA DA PRÓPRIA CLANDESTINIDADE DO COMETIMENTO DO INJUSTO. ADEMAIS, O PRÓPRIO JUÍZO SINGULAR PROFERIU SENTENÇA ABSOLUTÓRIA COM ESPEQUE NO ART. 386, VII, DO CPP. AÇÃO PENAL PÚBLICA CONDICIONADA. REPRESENTAÇÃO DEVIDAMENTE FORMALIZADA. OFENSA *AO PRINCÍPIO DO DEVIDO PROCESSO LEGAL E DO CONTRADITÓRIO. PREJUÍZO À ACUSAÇÃO EVIDENCIADO. NULIDADE MANIFESTA. SENTENÇA CASSADA. RETORNO DOS AUTOS À PRIMEIRA INSTÂNCIA. RECURSO CONHECIDO E PROVIDO".* (APR 0001204-13.2015.8.24.0066, Terceira Turma Criminal

Acerca do suposto direito ao silêncio, ainda encontramos Pacelli externalizando opinião contrária a sua existência em relação ao ofendido, em suas palavras:[183]

> [...] É certo que o ofendido deve merecer um tratamento distinto daquele reservado às testemunhas, diante de sua situação de vítima de uma infração penal, cujos efeitos já são suficientemente danosos. Entretanto, é bem de ver que, em muitas oportunidades, é a palavra do ofendido que irá fazer nascer a persecução penal, gerando consequências também danosas para aquele acusado da prática do delito [...] Por isso, quando o ofendido atribui a alguém a prática de um crime, pensamos que ele tem o *dever de depor*, sempre que intimado, pois, ao final, poderá vir a ser apurada a sua responsabilidade penal pela falsa imputação de crime.

Como pode ser percebido nessa breve abordagem, existe muita controvérsia sobre o papel da vítima no processo penal, bem como em relação aos contornos de suas declarações, havendo tanto aqueles que defendem que direitos como o silêncio sejam estendidos a ela, como aqueles que defendem o contrário. Esse cenário resulta extremamente prejudicial à vítima, notadamente na persecução dos crimes de estupro, posto que a incerteza pelo real procedimento só serve para vulnerabilizá-la ainda mais.

Nos casos dos delitos de ação penal pública incondicionada, a participação obrigatória da vítima se transforma em uma tensão sem precedentes, pois nesses casos não é dada a esta a faculdade de se manifestar sobre o oferecimento ou não da demanda perante o judiciário. Nas demais modalidades de ação, conforme se desenvolverá a seguir, a propositura da peça inicial fica condicionada a sua autorização ou a sua propositura direta, oportunizando que a vítima pondere sobre os aspectos negativos e positivos do processamento do feito.

A ação penal pública condicionada também é de iniciativa do Ministério Público e submete-se aos princípios da obrigatoriedade e indisponibilidade, como ocorre na ação incondicionada. Há, no entanto, um diferencial nesse tipo de ação que é justamente a

---

TJ-SC, Rel. Leopoldo Augusto Brüggemann. 5 jun. 2018) Disponível em: https://tj-sc.jus-brasil.com.br/jurisprudencia/595880724/apelacao-criminal-apr-12041320158240066-sao-lourenco-do-oeste-0001204-1320158240066?ref=serp. Acesso em: 25 mar. 2019.

[183] PACELLi... *Op. cit.*, s/p.

necessidade de uma autorização para que o *parquet* e a autoridade policial possam atuar.

Nesses casos, a ação penal pode ser condicionada à representação do ofendido, que nada mais é que a formalização do interesse deste em ver a ação sendo processada, ou à requisição do Ministro da Justiça. Em ambas as situações, os agentes públicos legitimados a investigar e ofertar a denúncia observarão os mesmos elementos da obrigatoriedade e indisponibilidade, mas submetem-se a uma condicionante. A ausência de representação nos crimes de ação penal condicionada produz a rejeição da peça acusatória em virtude do descumprimento de causa de procedibilidade.

Nessas hipóteses, a norma processual defere ao particular a possibilidade de avaliar os prós e contras que serão desencadeados a partir dessa demanda. Apesar de entregar ao Estado o exercício da ação, acaba permitindo à vítima o mínimo grau de protagonismo na busca pelo resultado sancionador.

Para Fernando Pedroso, o fundamento jurídico para que se exija uma representação do ofendido no processo é justamente o fato de que, em determinados delitos, ocorre tanto uma violação a interesses sociais como a interesses individuais, de forma que a punição do ofensor através da persecução penal não compensaria os danos produzidos à vítima.[184]

Cézar Roberto Bitencourt se manifesta em sentido análogo. Para ele, nos crimes de ação penal pública condicionada, apesar de haver interesse coletivo no processamento da ação, "o Estado atribui ao ofendido o direito de avaliar a oportunidade e conveniência de promover a ação penal, pois este poderá preferir suportar a lesão sofrida a expor-se nos tribunais".[185]

Como bem demonstrado pelos autores referidos, em tais tipos de ação, reserva-se o direito de sua propositura ao Ministério Público, em razão da natureza grave da ofensa, mas, por envolver questões que podem repercutir em prejuízos significativos para o particular, dá-se a este o direito de se manifestar sobre a conveniência e oportunidade do oferecimento da denúncia.

---

[184] PEDROSO, Fernando A. Ação penal condicionada. *Justitia*, v. 100, p. 61.

[185] BITENCOURT, Cesar Roberto. *Tratado de direito Penal*: parte geral. 21. ed. São Paulo: Saraiva, 2015, p. 872.

Raciocínio parecido ocorre em relação às ações penais privadas,[186] as quais, segundo Luiz Regis Prado, constituem casos em que outros interesses que não o estritamente público são levados em consideração. Exemplo disso são os delitos que afetam profundamente a esfera íntima do indivíduo. Nesses casos, competirá à vítima decidir sobre a conveniência de se iniciar a atividade persecutória que poderá gerar gravame maior à sua intimidade do que a própria impunidade do autor.[187]

Como destacado por Prado, nas ações penais privadas, como o nome já diz, o titular para o oferecimento de peça acusatória é o particular e, pelo mesmo motivo, nesse tipo de ação não há que se falar em abertura de inquérito investigativo ou lavratura de auto de prisão em flagrante sem que o ofendido requeira. São ações que se submetem a alguns princípios informadores diferentes daqueles que descrevemos como atrelados às ações públicas.

As ações privadas são regidas pelos princípios da oportunidade e disponibilidade.[188] Por oportunidade podemos compreender o contrário da obrigatoriedade, pois ainda que tenha havido um fato delituoso devidamente comprovado e documentado, o ofendido não estará obrigado a propor a ação penal. O oferecimento de queixa crime fica submetido ao juízo de conveniência que será exercido exclusivamente pela vítima ou por seus representantes legais em caso de ausência ou morte.

Nesses delitos, entendendo a vítima ser oportuno o processamento do feito, ela terá o prazo de seis meses a contar da data do conhecimento da autoria do delito para, por intermédio de um advogado, oferecer a queixa crime. Todavia, em virtude do princípio da disponibilidade, ao contrário do que ocorre com as ações penais

---

[186] Segundo Alessandra Prado e Juliana Damasceno, existem três tipos de ações penais privadas, quais sejam a propriamente dita, a personalíssima e a subsidiária da pública. Na primeira hipótese, compete à vítima ou a quem possua legitimidade para representá-la; na segunda possibilidade apenas o ofendido, com exclusividade poderá intentá-la, sem que haja a possibilidade de representação; e a terceira modalidade, trata-se de ação supletiva, que pode ser aplicada em casos de crimes de ação penal pública, quando o Ministério Público resulta em inércia. *In*: PRADO, Alessandra Rapacci Mascarenhas; SANTOS, Juliana Pinheiro Damasceno. A legitimidade para propositura da ação penal privada subsidiária da pública em crimes que afetam bens jurídicos coletivos: o exemplo representativo dos crimes ambientais. *Rev. de Direito Penal, Processo Penal e Constituição*, v. 3, n. 1, p. 77-96.

[187] PRADO, Luiz Regis. *Curso de Direito Penal brasileiro*. 8. ed. São Paulo: RT, 2008. v. 1, p. 671.

[188] Ainda correspondem a princípios da ação penal privada a indivisibilidade, intranscendência.

públicas nas quais o *parquet* não pode desistir da ação por força do princípio da indisponibilidade, nas ações de natureza privada o contrário é verdadeiro.

A disponibilidade desse tipo de ação é tão sensível que pode ocorrer atos de disposição inclusive involuntários, por ignorância das normas processuais. O primeiro deles é o perdão, que constitui o ato através do qual o titular da ação penal abre mão do processo instaurado. Este pode se dar por meio expresso, quando o titular externaliza e formaliza sua intenção de desistir da causa, ou pode ocorrer por meio tácito, o qual se dará através de comportamentos que não condizem com o de alguém que deseje ver o querelado processado. São exemplos de um perdão tácito o convite do acusado para o próprio casamento, ou para o chá de bebê da própria filha, etc.[189]

Muito embora do ponto de vista de proteção à liberdade individual a ação penal privada possua disciplina superior às dispensadas nas ações penais públicas, uma vez que permitem o abandono e desistência da causa de diversas maneiras e, como consequência, o exercício do direito ao arrependimento, é necessário que se reconheçam as dificuldades que esse tipo de ação oferece.

Primeiramente, as ações penais privadas possuem um curto prazo decadencial, o qual, uma vez esgotado, provoca a extinção da punibilidade do crime, fato que, no caso do delito de estupro, pela sua gravidade intrínseca, revela uma situação pouco condizente com a tutela merecida. Não bastasse a comum ignorância da população em relação à existência desses prazos, ainda há a necessidade de se entender o método de contagem destes e a peculiar maneira de iniciar a ação.[190]

---

[189] Importante salientar que a doutrina compreende pela aplicação, nas hipóteses citadas, do referido instituto, pois não é razoável que um indivíduo que deseje ver alguém processado criminalmente, escolha adotar condutas como compartilhar momentos íntimos de felicidade com esta pessoa. Porém, é importante que se diga que aliado ao princípio da disponibilidade incidirá o princípio da indivisibilidade e, muitas vezes, o particular vitimado e desinformado sobre a matéria pode dispensar uma atitude cortês a um dos acusados, sem ter a noção de que esta implicará não apenas na extinção de punibilidade em relação a este, mas em relação a todos os envolvidos.

[190] Nesse ponto nos referimos à necessidade de constituir advogado e intentar uma queixa crime, não bastando que a vítima se dirija a uma delegacia e comunique o corrido, como acontece nos crimes de ação penal pública. Além disso, a maioria das pessoas, ao menos em zona soteropolitana, quando do comparecimento em delegacias para pleitear a tutela de direitos submetidos a ações penais privadas, não costumam ser cientificadas acerca da necessidade de constituição de um advogado antes do término do prazo decadencial.

A legislação ainda previu, como meio de disposição da ação penal privada, hipóteses de suposto desinteresse processual, nomeadas de perempção, as quais se encontram previstas no art. 60 do Código de Processo Penal e repercutem promovendo a extinção da punibilidade do fato, muitas vezes indesejada.

As três modalidades de ação descritas são extremamente relevantes ao processo penal e cada uma delas possui uma hipótese de aplicação específica. Apesar de o Código Penal ter escolhido a ação penal pública incondicionada como regra para o sistema brasileiro, não se contestando aqui sua importância, é necessário que o legislador tenha sensibilidade de, em situações nas quais os direitos individuais do ofendido restem direta ou indiretamente prejudicados, esta não seja imposta a todo custo.

De fato, a defesa da sociedade e a defesa dos valores coletivos indispensáveis à vida em comunidade devem ser preservadas e tuteladas da melhor maneira possível. Malgrado essa realidade, é inconcebível defender que a ação penal, cujo objetivo também reside na proteção do titular do bem jurídico violado, imponha a esse um gravame insuportável, como meio para a punição do suposto agressor.

É necessário identificar cuidadosamente os limites de intervenção do Estado, principalmente em crimes que tutelam a liberdade individual, a fim de que os mecanismos utilizados para a promoção da defesa não sejam igualmente violadores dessa liberdade.

No caso dos crimes sexuais, que promovem uma ofensa à parcela mais sensível de privacidade da vítima, a atuação indiscriminada do Poder Judiciário poderá acarretar prejuízos imensuráveis, devendo ser facultado a esse indivíduo o direito de submeter-se ou não ao revolvimento de memórias e sentimentos capazes de lhe afetar por toda a sua existência.

Não se pode esquecer, ainda, que as memórias, a privacidade e a intimidade, bem como a integridade psíquica são direitos fundamentais, protegidos pela Constituição Federal de 1988, em seu art. 5º, capazes de afetar diretamente a dignidade pessoal do indivíduo. O inciso X do referido dispositivo determina serem invioláveis a intimidade, a vida privada, a honra e a imagem das pessoas.

Para Roxana Brasileiro Borges, o direito à privacidade consistiria na faculdade de reserva e não publicidade, reconhecendo-se a proteção da esfera privada individual contra a intromissão de terceiros, permitindo que seu titular exclua do conhecimento destes quaisquer aspectos de si e de sua vida. Acerca do direito à intimidade, assevera ser mais restrito que a privacidade, entre os quais estariam as informações relativas a comportamentos afeitos à sua intimidade, uso de medicamentos, doenças e deformidades ou mesmo comportamentos e relações sexuais.[191]

Para Carlos Alberto Bittar, a preservação de tais direitos estaria relacionada ao respeito à integridade psíquica e moral do indivíduo. O direito à intimidade destina-se a resguardar a privacidade de múltiplos elementos, tutelando o indivíduo contra ataques a aspectos íntimos de sua vida e consciência. Salienta o autor que esse direito preserva a exigência de isolamento mental ínsita no psiquismo humano, a qual pode desencadear um desejo pessoal de preservação e omissão de certos aspectos de sua personalidade em relação a terceiros.[192]

O direito à integridade psíquica compreenderia um direito indisponível relativo à higidez psíquica pessoal, resguardando-se os componentes identificadores da estrutura interna da pessoa, de modo que a coletividade teria a obrigação de não interferir em tal aspecto pessoal.

Deve-se reconhecer que embora estejamos tratando de direitos fundamentais, os mesmos não podem ser considerados absolutos, devendo, em determinadas circunstâncias, haver a ponderação de interesses quando confrontados com outros direitos, tais como saúde e vida. Todavia, não se acredita ser essa a hipótese. Muito pelo contrário, nesses casos a violação ao direito à intimidade e privacidade podem acarretar danos diretos à integridade psíquica, comprometendo a saúde e vida do sujeito que se deveria proteger.

Nesse sentido, verifica-se que Alfredo Manuel Farias de Oliveira aponta para a existência de duas correntes contrapostas que tratam da disponibilidade e possibilidade de limitação dos direitos

---

[191] BORGES, Roxana Cardoso Brasileiro Borges. *Direitos da Personalidade e autonomia privada*. 2. ed. São Paulo: Saraiva, 2007, p. 163-7

[192] BITTAR, Carlos Alberto. *Os direitos da personalidade*. Rio de Janeiro: Forense Universitária, 2000, p. 55-66, 106-7.

da personalidade. Os positivistas, segundo o autor, defendem a possibilidade de limitação de tais direitos, por compreenderem que os mesmos são "reconhecidos pelo Estado", o qual possuiria igualmente poder de limitá-los. Os naturalistas, por seu turno, sustentam a impossibilidade de restringi-los, pois seriam intrínsecos à noção de pessoa.[193]

Bittar, no entanto, além de afirmar que a integridade psíquica não comporta disponibilidade e mitigações, indica a possibilidade do direito à intimidade sofrer restrições quando confrontados com interesses coletivos. Tais limitações devem ser apreciadas caso a caso, a fim de que não se permita sacrificar indevidamente o direito da personalidade.[194]

Não há como encontrar legitimidade na atuação estatal que atropele direito de um sujeito a intimidade e privacidade, com a finalidade concomitante de promover sua tutela.

É óbvio que os delitos de estupro, pelo grau de violação que representam ao indivíduo e à comunidade, não podem estar submetidos a uma ação penal privada, pois a tutela da vítima desejosa por justiça ficaria prejudicada e vulnerada. Como já desenvolvido, esse tipo de ação possui um grande número de barreiras à sua implementação, além de contar, no polo ativo, com um sujeito descredibilizado pelo sistema (a vítima). Entretanto, pelas próprias características do delito estudado, existem divergências acerca da possibilidade de uma ação penal pública incondicionada ser considerada a modalidade mais acertada.

Lênio Streck, em artigo publicado em 1999, posicionava-se exatamente nesse sentido. De acordo com o autor, o famoso ditado "em briga de marido e mulher ninguém mete a colher" tinha sido absorvido pelo Estado de forma indiscriminada e não haveria fundamento para que o mesmo Estado que processa e julga o delito de furto sem consultar sua vítima dependesse de uma autorização do ofendido em crimes como estupro e violência doméstica. A modificação do tipo de ação, nos crimes de lesão corporal leve, de incondicionada para condicionada promovida pela Lei nº 9.099/95,

---

[193] OLIVEIRA, Alfredo Emanuel Farias de. *Os fundamentos dos direitos da personalidade*. Belo Horizonte: Arraes Editores, 2012, p. 43.

[194] BITTAR, *Op. cit.*, p. 111.

seria resultado da saída gradativa do Estado das relações sociais e a institucionalização da "surra doméstica".[195]

Não se pode esquecer, entretanto, conforme desenvolvido no segundo capítulo deste trabalho, que o crime de estupro constitui mecanismo de controle e poder, exercido, como regra, pelo gênero dominador (masculino) em face do gênero dominado (feminino), o qual é moldado como sujeito vulnerabilizado[196] pela construção social do patriarcado. A sociedade fomenta a construção da imagem feminina como dependente e frágil, o que acaba sendo estimulado pela postura do Estado ao suprimir o poder de escolha da ofendida acerca da conveniência e oportunidade da propositura da ação penal para a responsabilização da transgressão de seu direito.

Nesse aspecto, recorre-se aos ensinamentos de Amartya Sen, a qual delineia a liberdade[197] como um poder e defende que o óbice para seu exercício é a privação de capacidades, as quais ela denomina como de liberdades substanciais. A ausência de tais liberdades tornaria o sujeito vulnerabilizado, dependente dos indivíduos com capacidade de suprir esse *déficit*, limitando, assim, sua possibilidade de realizar escolhas. Mulheres privadas de educação, renda própria e instrução são menos valorizadas e possuem maiores restrições em seu bem-estar, em virtude da existência de uma dependência da figura masculina para a implementação de direitos básicos. Apesar de reconhecer a necessidade de luta pela construção de melhores condições de vida para as mulheres,[198] enfatiza ser igualmente

---

[195] STRECK, Lênio Luiz. Criminologia e feminismo. *In*: CAMPOS, Carmen Hein de. *Criminologia e feminismo*. Porto Alegre: Sulina, (p –81-104), p. 94.

[196] Neste caso, considera-se vulnerabilidade o estado de susceptibilidade humana, que decorre da privação de necessidades básicas imprescindíveis ao bem-estar físico, mental e social, o qual é capaz de atingir qualquer ser humano em diferentes graus conforme os ensinamentos de Marlene Braz. *In*: BRAZ, Marlene. Bioética e violência. *Bioética*, v. 12, n. 2, p. 77-98, p. 89, 2004. Vulnerabilização, por sua vez, é delineada por Miguel Kotow como fator de agravamento das fragilidades existenciais inerentes aos seres humanos, que pode consistir em uma situação de pobreza, doenças ou restrito acesso à educação. Disponível em: KOTOW, Miguel. *Participación informada en clínica e investigación biomédica*: la múltiplas facetas de la decisión y el consentimiento informado. Bogotá: Unesco, Reb Latino American y del Caribe de Bioética, 2007, p. 43.

[197] Perceba-se que deferir ao particular a faculdade de autorizar ou obstar a propositura de uma ação penal conforme suas concepções pessoais de conveniência nada mais é do que uma parcela de liberdade. Significa que o particular possui a liberdade de se atrelar a um processo sancionador que devassará sua vida ou não.

[198] O que, no caso dos delitos de estupro, de determinado aspecto, poderia ser alcançado através da imposição de uma ação penal pública incondicionada.

importante a luta pela construção da "condição de agente" das mesmas.

Conforme destacado por Sen, é necessário promover a retirada das mulheres do polo de passividade, para que sejam conhecidas e reconhecidas como "agentes ativos de mudança".[199] Esse raciocínio deve ser aplicado às ações penais que tratam dos delitos de estupro. Se tais violações podem ser identificadas como mecanismos de dominação, alimentados pela imagem passiva da vítima, como uma resposta estatal que agrava essa imagem de susceptibilidade do ofendido pode contribuir para reduzir sua vitimização? Não pode!

Para Vera Andrade, o discurso de um segmento feminista em prol das medidas de neocriminalização, entre as quais estaria a ação penal pública incondicionada, serve para a propagação da dependência da mulher em relação a uma suposta proteção que foi construída socialmente por uma estrutura que nunca foi favorável à sua emancipação. Nesse caso,[200]

> [...] se reproduz a dependência masculina na busca da autonomia e emancipação feminina, ou seja, as mulheres buscam libertar-se da opressão masculina recorrendo à proteção de um sistema demonstradamente classista e sexista e crêem encontrar nele o "Grande Pai" capaz de reverter sua orfandade social e jurídica. O fulcro da questão parece residir no próprio sentido desta proteção. Até que ponto é um avanço para as lutas feministas a reprodução da imagem social da mulher como vítima, eterna merecedora de proteção masculina, seja do homem ou do sistema penal?

O poder simbólico do Ministério Público é fundamental na persecução de um crime tão grave quanto o estudado no presente trabalho, porém, dada a nocividade das consequências da persecução, e dos efeitos simbólicos que sua imposição incondicionada pode provocar, deve-se permitir que a pessoa violada pondere acerca da conveniência em se submeter a um novo mecanismo de vulnerabilização.

---

[199] SEN, Amartya. *Desenvolvimento como liberdade*. Tradução de Laura Teixeira Motta. São Paulo: Companhia das Letras, 2010, p. 246-7.

[200] ANDRADE, Vera Regina Pereira de. Violência sexual e sistema penal: proteção ou duplicação da vitimação feminina?. *Sequencia* 33, p. 87-114, p. 103.

## 4.3 O processo de vitimização secundária da vítima de estupro: a nocividade do sistema sancionador institucionalizado

Avançando nos estudos de vitimologia, alcançamos as alterações proporcionadas pela teoria do *labeling approach* ou etiquetação, que transfere o foco de estudo para as instâncias de controle social, as quais seriam responsáveis pela seleção e estigmatização dos indivíduos desviantes, rompendo com o paradigma do monismo cultural que fundamentava a criminologia do consenso. As normas penais, então, passam a ser observadas como expressão de poder de uma classe dominante sobre a classe dominada.[201]

A teoria em análise considera que quando se impõe uma pena privativa de liberdade como resposta a uma conduta criminosa, se inicia um processo institucionalizador do estigma do sujeito, que potencializa a recidiva, posto que este encontrará óbices no processo de reinserção social.[202]

Nesse contexto, a teoria chega a enquadrar o criminoso, ou "desviante", como vítima de um processo de eleição de estigmas aplicados pelas instâncias sociais, os quais desencadeiam sua autodefinição como sujeito criminoso. Essa transferência de foco de interesse para as instâncias de controle social acabou abrindo involuntariamente a discussão em relação às vítimas dos crimes, trazendo ao debate a existência de um processo paralelo de seleção e estigmatização das mesmas, que seria denominado de vitimização secundária.[203]

Vera Andrade afirma que o movimento feminista contribuiu para ampliar o objeto da criminologia crítica, pois sua tese de seletividade original não confrontava a origem da desigualdade de gêneros, mas tão somente a de classes econômicas engendradas pelo capitalismo. Com isso, prejudicava-se o conhecimento e

---

[201] BARATTA, Alessandro. *Criminologia crítica e crítica do direito penal:* introdução à sociologia do direito penal. Tradução de Juarez Cirino dos Santos. 3. ed. Rio de Janeiro: Revan: Instituto Carioca de Criminologia, 2002, p. 85-109.

[202] SHECAIRA... *Op. cit.,* p. 269-271.

[203] CÂMARA... *Op. cit.,* p. 83-84.

compreensão do controle social geral. A partir da criminologia feminista, introduziu-se o patriarcado, as relações de gênero e a dominação masculina como fatores do sistema de controle social formal e informal, permitindo a investigação da compreensão que tal sistema possui das mulheres, além de como eles criam e recriam estereótipos comportamentais de cada gênero e vítima.[204]

Nessa seara de valorização do estudo da vítima e do papel das instâncias de controle, inicia-se a discussão sobre a seleção e estigmatização da vítima, também chamado de vitimização secundária, a qual se dá, inclusive, nas instâncias processuais. Segundo Câmara:[205]

> na práxis constroem-se estereótipos que se adscrevem [...] às vítimas de certos tipos de crime e, uma vez que a vítima concreta não preencha certas características peculiares ao clichê ou arquétipo-padrão, em lugar de ser apoiada, ouvida e receber solidariedade, [...] não apenas não é devidamente acolhida, como, principalmente a vítima feminina em delitos relacionados com a liberdade de autodeterminação sexual[...] é tratada como suspeita ou provocadora.

Essa ideia complementa o pensamento de Vera Andrade que declara categoricamente, em seu texto, que nos crimes sexuais julgam-se as "pessoas" (autor-vítima) envolvidas, antes que seja julgado o próprio fato-crime. Tais juízos ocorrem conforme os estereótipos pré-constituídos de estuprador e vítima.[206] A autora conclui que é mais fácil considerar como estupro a conduta cometida por uma pessoa estranha, do que a violação atribuída a uma pessoa próxima à vítima. Da mesma maneira que o sistema penal insiste em buscar como vítima legítima de um delito sexual a personagem feminina de reputação sexual ilibada.

Isso proporciona à ofendida, desde o princípio, a submissão a processos criminais extremamente dolorosos e caros, na medida em que durante todo o trâmite persecutório, a investigação girará em torno de sua moralidade e reputação, como se tal verificação realmente tivesse alguma relação com a transgressão de sua liberdade sexual.

---

[204] ANDRADE, Vera Regina Pereira de. Violência sexual e sistema penal: proteção ou duplicação da vitimação feminina?. *Sequencia*, 33, p. 87-114, p. 99-101.

[205] CÂMARA... *Op. cit.*, p. 84.

[206] ANDRADE... *Op. cit.*, p. 101.

A TRANSFORMAÇÃO DO ESTUPRO EM UM CRIME DE AÇÃO PENAL PÚBLICA INCONDICIONADA: ACERTO OU EQUÍVOCO?

Esse reprovável costume tem conexão com fatos históricos já desenvolvidos no segundo capítulo do presente trabalho, quando se expôs o pensamento de autores como Nelson Hungria, e suas diversas teses sobre a prova do delito de estupro. O autor dedicou-se à suposta e viciada análise da necessidade de resistência feminina contra práticas sexuais forçadas, bem como em relação à desconfiança que deveria ser dispensada à palavra da vítima.

Em seu livro, Hungria expunha uma intrigante narrativa sobre um caso de estupro julgado por Sancho-Pança, *in verbis:*[207]

> Certa vez, na audiência de Sancho, entrou uma mulher que, trazendo um homem pela gola, bradava: "Justiça! Justiça, senhor governador! Se não a encontro na terra, irei buscá-la no céu. Este mau homem surpreendeu-me em pleno campo e abusou da minha fraqueza." Negada formalmente a acusação, Sancho tomou ao acusado sua recheada bolsa de dinheiro e, a pretexto de reparação do mal, passou-a à querelante. Foi-se esta em grande satisfação, mas Sancho ordenou ao acusado que seguisse no seu encalço, para retomar a bolsa. Em vão, porém, tentou o homem reaver o seu dinheiro, e voltou de rosto agatanhado e a sangrar, confessando-se vencido. Então, fazendo a mulher restituir a bolsa, disse-lhe Sancho: "Se tivesses defendido tua honra tão empenhadamente como vens defender essa bolsa, jamais a terias perdido. Não passas de uma audaciosa ladra."

A passagem *supra* constitui a criação de um estereótipo feminino maculado pela malícia, ambição e pela mentira, construindo em torno dele a estrutura psíquica de necessidade de desconfiança da palavra da vítima de estupro.[208]

Essa narrativa, porém, não foi a única oportunidade na qual Hungria induz seus leitores à desconfiança das palavras femininas. Algumas páginas após, aduz que uma "pretensa vítima" poderia simular equimoses a partir da sucção com a boca, no intuito de vingar-se ou obter vantagens do acusado. Além disso, declarava que:[209]

> não se deve dar fácil crédito às declarações da queixosa [...] é preciso não esquecer que, em matéria de crimes sexuais, mais do que em qualquer

---

[207] HUNGRIA... *Op. cit.*, p, 112.
[208] Raciocínio equivalente ao construído por Rose Meire Muraro acerca do mito da Gênesis, o qual foi brevemente apontado na nota de rodapé 56.
[209] HUNGRIA... *Op. cit.*, p. 117-118.

outro gênero de crimes, são frequentes as acusações falsas, notadamente por parte de mulheres histéricas ou neuropáticas.

Essa foi a representação feminina de vítima criada por um dos doutrinadores mais conhecidos do Brasil: uma pessoa histérica, neuropática, maliciosa, mentirosa, ambiciosa e moralmente frágil. Infelizmente, não existe a necessidade de se regredir a 1986 para encontrar prejulgamentos discriminatórios sobre a vítima do crime. Em pleno 4 de junho de 2019, outro renomado doutrinador desnudou suas impressões sobre a vítima do crime de estupro, fazendo reinar em sua análise a presunção absoluta de inocência do acusado, condenando sumariamente a suposta vítima.

Cesar Roberto Bitencourt, a pretexto de discorrer acerca da possibilidade do acusado de exercer seu direito a ampla defesa, escreveu em artigo publicado na internet, após uma simples introdução:[210]

> [...] Depois de troca de mensagens, desde março, determinada mulher recebeu passagens Neymar para Paris, onde se encontraram em um hotel. Após haver perguntado se a mesma iria com uma amiga, esta respondeu-lhe que iria sozinha, mas que valeria por quatro e o encheria de prazer. Em outros termos, ambos deixaram claro a vontade de fazer sexo. Houve um segundo encontro. Convidado para mais outro, o atleta não compareceu. No em entanto, a referida mulher ainda continuou conversando com Neymar, normalmente, tentando marcar este novo encontro.
>
> Uns 15 dias após os fatos, ela o acusa de *ter praticado sexo sem seu consentimento*. A negativa deste pode ter despertado a sua ira, motivando essa denúncia caluniosa, como vingança, pelo desprezo do atleta. Defendendo-se dessa acusação injusta, Neymar deu publicidade às mensagens trocadas entre ambos, [...] Não se trata de legítima defesa de Neymar, como se chegou a mencionar, pela falta da iminência ou atualidade da agressão sofrida por este (acusação de crime), parecendo mais uma espécie *sui generis* de retorsão, isto é, de resposta após a consumação do crime anteriormente sofrido por Neymar (calúnia ou denunciação caluniosa*)*, qual seja, de ter "praticado sexo sem consentimento da suposta vítima".

---

[210] BITENCOURT, Cezar Roberto. Direito à ampla defesa absolve Neymar de crime sexual. *Conjur*. Disponível em: https://www.conjur.com.br/2019-jun-04/cezar-bitencourt-direito-defesa-absolve-neymar-crime-sexual. Acesso em: 21 jul. 2019.

A TRANSFORMAÇÃO DO ESTUPRO EM UM CRIME DE AÇÃO PENAL PÚBLICA INCONDICIONADA: ACERTO OU EQUÍVOCO? | 145

Analisando o discurso *retro*, é possível alcançar o conteúdo negativo dispensado à vítima, em contraponto à canonização sumária executada em relação ao suposto ofensor.

Preliminarmente, recobra-se que o artigo em análise, hipoteticamente, seria uma avaliação acadêmica com o objetivo de tratar da execução de um fato típico como instrumento de defesa, e não uma peça de resposta à acusação, ou seja, deveria comportar imparcialidade em sua dissertação.

Em que pese a suposta "neutralidade" da abordagem, *permissa vênia*, suas linhas em nada apresentam uma análise objetiva e imparcial da questão. Pelo contrário, ela dispensa sobre a suposta vítima do delito uma presunção de inveracidade análoga àquela franqueada por Hungria nos trechos anteriormente apresentados. A grande diferença é que, sobre Bitencourt, incidem 33 anos de defasagem em relação ao primeiro, o qual, por mais contestáveis que fossem suas declarações e exemplificações, ainda guardavam alguma harmonia com a mentalidade de sua época.

Em pleno século XXI, quando tanto se discute sobre empoderamento feminino, sobre a necessidade de se credibilizar a palavra da vítima, principalmente em situações de crimes sexuais, dada a peculiaridade dos lugares nos quais esses costumam ocorrer, publicar um artigo que presume de pronto a inocência absoluta do acusado e a mentira por parte da vítima é inadmissível.

Ao destrinchar o texto, verificamos inicialmente a despersonalização da suposta vítima na fala do autor. Este se refere à ofendida, a qual à época já tinha seu nome amplamente divulgado pelas redes sociais, como "determinada mulher", "referida mulher", o que não seria um problema se o mesmo tivesse sido feito em relação ao suposto autor do delito. Enquanto a ofendida fora despersonificada, sem que em qualquer momento da fala seu nome fosse citado, o acusado fora nomeado ou apelidado como "atleta", palavra cuja conotação em nosso país é sempre positiva.

Então, o discurso se estabeleceu entre o sujeito "Neymar", "atleta" (mundialmente famoso e reconhecido), e uma "determinada mulher" (com identidade tão insignificante que não se dispensa uma linha para que seu nome seja proferido) que o "acusa" de ter praticado "sexo sem o seu consentimento". Veja-se que Bitencourt não utiliza a palavra estupro, haja vista ser termo carregado de negatividade e com uma amplitude de significações, mas sim a palavra "sexo". Não sem razão, utiliza o termo "sem consentimento", pois se verificarmos nas linhas anteriores a essa afirmação, o autor já havia refutado essa acusação quando afirmou que "ambos deixaram claro a vontade de fazer sexo", ignorando as circunstâncias que podem ter ocorrido durante o encontro, e esquecendo-se, inclusive, que o consentimento para o estupro pode ser revogado a qualquer momento.

Além disso, o autor dispara "[...] a negativa deste pode ter despertado a sua ira, motivando essa denúncia caluniosa, como vingança, pelo desprezo do atleta". Se o assunto fosse a presunção de inocência, a referida fala seria pertinente e irrepreensível, mas dentro do contexto e da forma como utilizada, ela só serviu para reforçar o estereótipo feminino que vem sendo duramente criticado e combatido pelos movimentos feministas.

Ao fim, fica clara a mensagem de que essa "determinada mulher" promoveu uma acusação falsa, com a finalidade de vingança e, nessa seara, a única pessoa que "sofreu" foi o "atleta" "Neymar". Bitencourt conseguiu investigar, processar e julgar a causa antes mesmo que os delegados de polícia alcançassem um entendimento sobre a existência ou não do crime de estupro.

Discursos como esse reforçam a imagem pejorativa em torno das vítimas desse crime, dificultando ainda mais o resultado produtivo do processo.

Não se deseja, por óbvio, que seja aplicada ao caso, bem como aos demais casos notificados, a presunção de culpabilidade sobre o acusado, todavia, isso deve ter uma proporção equilibrada, pois não é possível se presumir, desde o início, a mentira das alegações da pretensa vítima.

Por reações como essas e por outros motivos, o índice de subnotificação de tais delitos são os mais altos em qualquer Estado, inclusive no Brasil. Afinal, quem deseja buscar justiça contra uma violação sofrida e acabar sendo incriminada e rotulada de mentirosa, sem que sequer se encerre a investigação criminal e se conclua pela efetiva falsidade da acusação?

A partir de tal estereótipo, as vítimas de crimes sexuais, como bem lembrado por Vera Andrade, são submetidas a uma espécie de conferência de "pessoa", ao invés da constatação do fato-violação.

A TRANSFORMAÇÃO DO ESTUPRO EM UM CRIME DE AÇÃO PENAL PÚBLICA INCONDICIONADA: ACERTO OU EQUÍVOCO?

Antes da verificação do delito, ou seja, do constrangimento para a prática sexual, as instâncias de controle julgam a vítima e o agente, a fim de constatar se existe a adequação destes aos papéis sociais estereotipados.

O processo de vitimização secundária, porém, não se encerra nesse ponto, inclusive, porque tal verificação costuma perdurar todo o processo criminal. A vítima é observada do início ao fim do procedimento, pois a idoneidade de sua fala – geralmente única prova – estará atrelada indiretamente à confiabilidade de sua pessoa, e aí reside o problema. A ofendida mulher já inicia esse processo de confrontação com o "ideal de vítima" em desvantagem, uma vez que este foi construído pelos padrões sociais de uma estrutura patriarcal de controle. Essa estrutura ainda promove a etiquetação do feminino em duas possibilidades, quais sejam a "santa" e a "puta". Em relação à primeira, não se pode levantar dúvidas sobre sua idoneidade e sua palavra, pois sua imagem é o reflexo da construção cristã da Virgem Maria, detentora de um ventre imaculado que carregou o maior ícone da humanidade. É virgem, é mãe, é esposa, é respeitável, digna. A segunda teve sua construção pautada na figura de Eva, que teria se corrompido pela ambição, levando a humanidade à desgraça. É vista como uma pessoa promíscua, ardilosa, mentirosa, irresponsável e destruidora, sobre quem devem recair todas as desconfianças.

Ironicamente, sobre o homem recaem três estereótipos básicos: o de Deus, o de Adão e o de Satanás. Deus corresponde ao criador, pai de todos, a quem a humanidade deve respeito, devoção e gratidão eternas. O indivíduo assimilado a esse estereótipo é o pai de família, trabalhador, próspero, bem-sucedido, com uma reputação ilibada, sobre o qual recai a ideia de que jamais seria capaz de transgredir de tal forma uma lei, bem como a ética nas relações sociais, ou ainda, a retrógrada ideia de que dificilmente alguém precisaria ser forçado para se relacionar sexualmente com ele. O mito bíblico apresenta a gratidão de Maria por ser escolhida para gestar o filho do criador, mesmo que a ela não tenha sido dado o direito de opinião ou escolha.

Adão é o sujeito inocente, que não conhecia das maldades humanas e que confiou em Eva, vindo a ser punido por isso. Adão é o sujeito descrito no conto de Sancho-Pança. Alguém que foi seduzido pelos encantos femininos e estava, inocentemente, prestes a ser prejudicado pela maliciosa queixosa. Ou ainda, pode-se incluir nessa classificação a figura de Neymar sob os olhos de Bitencourt, segundo o qual teria sido atraído para noites de satisfação sexual inocentemente, para só depois ser ardilosamente acusado pela moça que desejava vingança, ou como muitos reverberaram nas redes sociais: visibilidade.

Nessa classificação, o único estereótipo que comporta ser atrelado ao execrável delito de estupro é o de Satanás. Na história de Satanás, este é o sujeito que se rebela contra a ordem imposta, fazendo oposição à figura de Deus e aos seus mandamentos, cujas atitudes repercutem em seu exílio. Perceba-se que todo o indivíduo acusado de algum crime passa por um processo de demonização prévia ao seu encarceramento e, costumeiramente, quando sua imagem social não se adequa aos padrões comportamentais que permitem essa assimilação, sua condenação é abrandada.

As pessoas querem o conforto de acreditar que o estuprador seja um clássico monstro, transgressor contumaz, dedicado à contravenção das regras de convivência social. Não se assimila com facilidade que o pai, o gestor de sucesso, o atleta ou bom rapaz sejam capazes de tais atrocidades, pois as mesmas precisam de um personagem que se enquadre fora do padrão social de controle. Por isso o preto, o pobre, o ex-presidiário, o usuário de drogas, o traficante, o "vagabundo", o desconhecido são mais facilmente assimilados como legítimos estupradores.

Nesse difícil panorama, o sistema institucionalizado de repressão procura, para punir um legítimo estuprador, o estereótipo do Satanás – que geralmente não corresponde à realidade, posto que a maioria dos delitos de estupro são praticados por pessoas próximas à vítima e detentoras de uma imagem não desabonadora – e uma vítima legítima – que se adeque ao ideal de moralidade imposta pelo sistema dominante – sob pena de se rechaçar duramente a acusação formalizada.

O problema é que, dentro do arcabouço social vigente, a figura da santa (vítima legítima) é tão perfeita e imaculada, que se torna muito mais fácil ser rotulada com o manto e os preconceitos do segundo estereótipo.

A esse julgamento não escapam sequer as crianças e os adolescentes. Em audiência de estupro na qual uma moça de

16 anos era "interrogada" sobre os supostos atos de violência sexual que haviam sido perpetrados contra a mesma durante sua infância, quando tinha por volta de 5 anos, os advogados de defesa indagavam com firmeza: "ora, você informou que frequentava a casa do acusado quando era criança, mas se os abusos já aconteciam, por qual razão você retornava lá?"[211]

A vitimização secundária ainda decorre de outras fontes, como, por exemplo, a necessidade da vítima de se dirigir a um estranho e comunicar todos os detalhes de sua violação. Esse primeiro contato geralmente ocorre no ambiente masculinizado das delegacias de polícia, as quais são frequentemente impessoais, pouco acolhedoras, com procedimentos de inquirição substancialmente inquisitivos. Por isso, não restam espaços para empatia para com a vítima ou mesmo com o acusado, esquecendo-se, muitas vezes, o profissional que, embora possa estar diante de uma versão inverídica, também pode estar diante de uma história verdadeira, que macula irremediavelmente a vida de sua ofendida. Ou seja, dependendo da forma como essa primeira instância formal lide com a questão, em vez de minimizar e reparar os danos decorrentes desse delito, corre-se significativo risco de maximizar os efeitos deletérios do crime.

Guilherme Câmara sublinha que em determinados delitos – entre os quais o estupro se inclui – o drama produzido pela vitimização não se limita às atividades desenvolvidas nas instâncias formais. Família, amigos, colegas de trabalho, vizinhos de bairro e demais instâncias informais de controle acabam complementando esse processo de estigmatização. Eles atuam fazendo com que todos esses elementos, uma vez reunidos, se tornem fatores capazes de convocar uma reflexão sobre a razoabilidade da imposição de um processo criminal público incondicionado para a persecução dessa espécie de delito.

---

[211] Situação ocorrida durante audiência de instrução na qual a autora funcionou como assistente de acusação.

# CAPÍTULO 5

# CONCLUSÕES

Como amplamente discutido, o delito de estupro proporciona ao sujeito violado diversos danos, produzindo marcas que podem se prolongar por toda uma vida. A violação da intimidade perpetrada pela execução de atividade libidinosa forçada, precisa ser duramente combatida pelo Estado-Juiz e pela sociedade. Muito embora a validade dessa ambição seja inquestionável, abordamos no curso do trabalho dois motivos processuais pelos quais a imposição de uma ação penal alheia à vontade da vítima não deve ocorrer. Primeiramente, por se tratar de um tipo de ação que impõe ao ofendido a participação a um processo, que inevitavelmente irá devassar sua intimidade, sem que existam normas processuais bem delimitadas sobre seus direitos e obrigações. Em segundo lugar, complementando o primeiro argumento, verificou-se que o processo criminal consiste em uma via institucionalizada de violência, capaz de amplificar os danos já sofridos pela vítima durante o crime, em razão do processo de vitimização secundária.

Além desses dois argumentos, pode-se concluir pela existência de um terceiro fundamento, para além da questão meramente jurídica: a maneira como a ação penal pública incondicionada interfere na formação, na construção do empoderamento feminino.

Durante todo o trabalho desenvolvemos a questão do machismo estrutural, que vem atuando no curso da história para enquadrar o gênero feminino como incapaz, por vezes irracional, frágil, débil e dependente de um provedor ou orientador, geralmente simbolizado por uma figura masculina, quando não é atrelada a uma personagem maliciosa e pouco confiável. Assim, é a imagem feminina delineada pelo mito da Gêneses, nos desenhos animados e na legislação brasileira, que durante anos foi retroalimentado pelas próprias mulheres, as quais, acreditando no discurso dominante, o reproduziram e reforçaram, criando instâncias informais de controle social.

Esse fenômeno de reprodução passou a ser fragilizado com o nascimento e crescimento dos manifestos feministas, responsáveis pela contestação dos estereótipos de gênero e seus papéis. Sob a bandeira da igualdade de oportunidades, valorização e respeito do feminino, iniciou-se uma onda de "neocriminalização", que acabou por acarretar a punição de condutas como violência doméstica, agravamento de punições ao homicídio praticado contra a mulher, assim como a criminalização do assédio sexual e endurecimento das penas relativas ao delito de estupro, considerado como inegável delito de gênero.

A atribuição de tais condutas como relativas à esfera privada dos envolvidos fez-se bastante questionada pelo movimento feminista, sendo objeto de críticas a abstenção da atuação incondicionada estatal no combate a tais tipos de criminalidade. Um seguimento importante do movimento feminista considerava ser necessária a atuação institucionalizada independentemente do interesse de suas ofendidas.

Ocorre, porém, que a tutela criminal compulsória, ainda que não fosse uma medida capaz de produzir consequências secundárias estigmatizantes, não pode ser vista como uma solução aos crimes de gênero, justamente pelo fato de esses delitos se respaldarem no estereótipo feminino de vulnerabilidade.

O estupro, a violência doméstica e familiar, o assédio sexual são fomentados principalmente em relações nas quais a vítima possui uma inferioridade simbólica em relação ao seu ofensor. São crimes comumente praticados por homens contra mulheres, em razão de a estrutura patriarcal e machista fomentá-los como seres dominadores, capazes de agir sobre seus dominados.

A própria estrutura cria as mulheres como seres domináveis, adestráveis, atingíveis, frágeis, submissos, ao tempo em que constrói o masculino como viril, dominador, inatingível, inabalável e autoritário.

Se a ocorrência de tais delitos é uma consequência da construção social desses papéis, existe, portanto, uma necessidade de romper o padrão dominador-dominado, personificado pelo binômio homem-mulher, enraizado em nossa cultura através da reprodução dos estereótipos de gênero.

Delegar ao Estado-Juiz o direito e a obrigação de processar e julgar os casos relativos à transgressão da liberdade sexual, através de uma ação pública incondicionada, contudo, não rompe com o elemento fomentador do crime. Pelo contrário, dessa maneira o Estado-Juiz – que nada mais é que um mecanismo de controle social, estruturado pelo sistema patriarcal e a serviço de uma sociedade machista – controla e sanciona a exacerbação do uso do poder pelos dominadores em relação aos dominados. Isso em nada serve para reverter o quadro de violência e transgressões, pois somente remedia a lesão produzida aos bens jurídicos, sem devolver à ofendida o elemento necessário para estancar a sangria de seus direitos. Não lhe ensina a ser autônoma e capaz, tampouco fomenta a construção dessas imagens. O único mecanismo capaz de barrar tais delitos com o mínimo de eficácia é o empoderamento feminino e a desmistificação do seu comportamento estereotipado enquanto ser vulnerabilizado.

As mulheres, no contexto social brasileiro, constituem ainda parcela bastante susceptível aos crimes de domínio, em razão da ideia de intrínseca passividade e submissão do gênero, que acaba contribuindo para os altos índices de ocorrência de estupro e outros delitos de poder.

As mulheres devem sair do polo de passividade, sendo empoderadas para gerir suas vidas. O retraimento do Estado e o abandono do padrão paternalista com a devolução do juízo de conveniência e oportunidade acerca do processamento de uma ação penal relativa ao delito de estupro, para o titular do bem violado, contribuirão para o alcance desse fim.

Esse é um dos passos para a transformação daquele que era visto como "objeto" passar a ser enxergado como "sujeito". O indivíduo que hoje apenas "sofre" (o crime e a ação penal) passa a ser o protagonista de seu destino, reconhecendo-se e sendo reconhecido como sujeito autônomo e capaz de fazer escolhas e se responsabilizar por elas, quebrando com a imagem estereotipada de vítima, vulnerável, passiva e submissa à vontade dos homens e à vontade do Estado.

Ademais, o fato de haver uma autorização para que esse Estado proponha a ação penal independentemente da compreensão particular da suposta vítima acerca da existência do delito serve para reforçar a construção de padrões sexuais e comportamentais relativos às vítimas, na sociedade de controle, enfraquecendo conquistas importantes desse segmento.

Deve-se devolver o juízo de conveniência e oportunidade acerca do processamento de uma ação penal relativa ao delito de estupro para o titular do bem violado, ainda que a ação penal permaneça sob a responsabilidade estatal, reestabelecendo o antigo rito processual da ação penal pública condicionada.

A suposta liberdade sexual feminina é relativamente nova. Durante séculos a mulher sofreu restrição de sua atividade e comportamento sexual, submetendo-se ao controle de instâncias formais e informais que a todo momento tolhiam sua sexualidade e a expressão desta. Enquanto isso, a sociedade patriarcal dotava os homens de uma gama muito superior de liberdades, ignorando e aceitando, inclusive, as burlas ao sistema de repressão, produzidas por meio da criação ou interpretação de direitos afeitos exclusivamente para estes.

A alteração do bem jurídico do delito de estupro de costumes para dignidade sexual foi fundamental para enfatizar esse aspecto da proteção. Hoje já é possível dialogar minimamente sobre o poder de uma mulher de fazer escolhas sexuais a partir de leis criadas pela sua vontade, as quais, quando alcançadas através do emprego da razão, sem interferências cogentes de elementos externos ao ser devem ser tomadas como autônomas e lícitas.

A ilicitude não reside mais na inadequação moral da relação sexual, mas tão somente na inadequação aos limites impostos pela autonomia de seus envolvidos. À mulher e ao homem foram dados direitos de manter relações sexuais como, quando, com quem, com quantos e se quiser fazê-lo, ao menos formalmente, não devendo satisfação de sua sexualidade a qualquer pessoa da sociedade, por se tratar de informação tutelada pelo seu direito à intimidade.

A teoria, porém, não se transforma em prática da noite para o dia. Os movimentos feministas despertaram as discussões pelos direitos das mulheres, mas ainda não foram capazes de alterar a mentalidade social correspondente à temática.

O sistema, tal como posto, torna a ofendida ainda mais vulnerável, reforçando seu estereótipo de fragilidade e dependência em relação à figura masculina/pseudoprotetora, afinal, quem precisa que outrem lute pelos seus direitos? A resposta óbvia indica aqueles indivíduos incapazes de fazê-lo pessoalmente. Assim acontece com as crianças, com os adolescentes, com os inválidos. Isso significa que a punição estatal pode ser imposta, mas não necessariamente as condutas violadoras deixarão de acontecer.

O Ministério Público faz juízos acerca da violação ou não da liberdade sexual no estupro e, inevitavelmente, da própria atividade sexual e dos sujeitos envolvidos. Com isso, devolve-se ao Estado e às instâncias formais de controle o direito de exercer juízos de valor sobre a atividade sexual alheia (leia-se feminina), elencando como permitido ou proibido as diversas formas da expressão da sexualidade, sem que se precise escutar a opinião da vítima para se alcançar tais limites. Trata-se de uma brecha para o retorno do controle externo da sexualidade feminina.

A atitude do legislador penal cria o risco de gerar, mais uma vez, o desenvolvimento de padrões de comportamento sexual, da criação de estereótipos e da etiquetação da vítima que se buscou eliminar por meio da modificação do bem jurídico do delito, operando um regresso nos direitos quanto à liberdade sexual e criando um novo mecanismo de controle moral das mulheres, o que não pode ser admitido.

É necessário que se promova uma discussão urgente, com vistas à formulação de uma disciplina mais robusta sobre a vítima no processo penal, delineando com mais firmeza seus direitos e deveres enquanto assistente de acusação e meio de prova, dando-lhe maiores garantias e informações para que exerça com competência e autonomia o juízo da conveniência e oportunidade da ação penal.

# REFERÊNCIAS

AGÊNCIA PATRICIA GALVÃO. Disponível em: https://dossies.agenciapatriciagalvao.org.br/dados-e-fontes/pesquisa/relatorio-consolidado-de-ocorrencias-de-estupros-registrados-pela-policia-civil-senasp-2015/. Acesso em: 15 jan. 2019.

ANDRADE, Manuel da Costa. *Consentimento e acordo em Direito Penal*. Coimbra: Coimbra, 1991.

ANDRADE, Vera Regina Pereira de. Violência sexual e sistema penal: proteção ou duplicação da vitimação feminina? Sequencia 33, p. 87-114.

ESTEFAN, André. *Direito Penal parte especial*. São Paulo: Saraiva, 2017. v. 2, p. 707.

ARISTÓTELES. *A política*. Trad. Roberto Leal Ferreira. São Paulo: Martins Fontes, 1998.

ASSOCIAÇÃO PORTUGUESA DE APOIO A VÍTIMA. Estatística APAV: Crimes Sexuais 2013-2017. Disponível em: https://apav.pt/apav_v3/images/pdf/Estatisticas_APAV_Crimes_Sexuais_2013-2017.pdf. Acesso em: 07 jul. 2019

BARATTA, Alessandro. *Criminologia crítica e crítica do Direito Penal:* introdução à sociologia do Direito Penal. Tradução de Juarez Cirino dos Santos. 3. ed. Rio de Janeiro: Revan: Instituto Carioca de Criminologia, 2002, p. 85-109.

BARRETO NETO, Heráclito Mota. *Reflexos da bioética sobre o tratamento jurídico do uso de drogas no Brasil:* autonomia x paternalismo. Dissertação de mestrado apresentada para a obtenção de grau de mestre. Salvador: Universidade Federal da Bahia. Disponível em: https://repositorio.ufba.br/ri/bitstream/ri/16605/1/Disserta%C3%A7%C3%A3o%20Mestrado%20-%20Her%C3%A1clito%20Mota%20Barreto%20Neto.pdf. Acesso em: 26 de mar 2019.

BASTOS, Rodolpho Alexandre Santos Melo. NOGUEIRA, Joanna Ribeiro. Estereótipos de gênero em contos de fada: uma abordagem histórico-pedagógica. *Revista de História da Ufes*. n. 36. Espírito Santo, 2016, p. 20 Disponível em: http://www.periodicos.ufes.br/dimensoes/article/view/13864/9817. Acesso em: 07 de jul de 2019.

BATISTA, Vera Malaguti. *Introdução crítica a criminologia brasileira*. Rio de Janeiro: Editora Revan, 2011.

BAUMAN, Zygmunt. *Comunidade:* busca por segurança no mundo atual. Tradução de Plínio Dentzien. Rio de Janeiro: ZAHAR, 2003.

BEAUVOIR, Simone. *O segundo sexo*. Rio de Janeiro: Nova Fronteira. 1980. v. 2.

BÍBLIA SAGRADA.

BITENCOURT, Cesar Roberto. *Tratado de Direito Penal:* parte especial 4. 9. ed. São Paulo: Saraiva, 2015.

BITENCOURT, Cezar Roberto. Direito à ampla defesa absolve Neymar de crime sexual. Conjur. Disponível em: https://www.conjur.com.br/2019-jun-04/cezar-bitencourt-direito-defesa-absolve-neymar-crime-sexual. Acesso em: 21 de jul. 2019.

BITTAR, Carlos Alberto. *Os direitos da personalidade*. Rio de Janeiro: Forense Universitária, 2000.

BITTENCOURT, Edgard de Moura. *Vítima:* vitimologia, a dupla penal delinquente e vítima, contribuição da jurisprudência brasileira para a nova doutrina. São Paulo: Editora Universitária de Direito, 1978.

BOBBIO, Norberto. *Liberalismo e democracia*. Tradução de Marco Aurélio Nogueira. São Paulo: Edipro, 2017.

BOBBIO, Norberto. *Liberalismo e democracia*. Tradução de Marco Aurélio Nogueira. São Paulo: Edipro, 2017.

BORGES, Roxana Cardoso Brasileiro Borges. *Direitos da personalidade e autonomia privada*. 2. ed. São Paulo: Saraiva, 2007.

BOSCHI, José Antônio Paganella. *Ação penal:* as fases administrativas e judicial da persecução penal. Porto Alegre: Livraria do Advogado, 2010.

BOURDIEU, Pierre. *A dominação masculina*. Rio de Janeiro: Bertrand Brasil, 2010.

BRANDÃO, Claudio. *Curso de Direito Penal*: parte geral. Rio de Janeiro: Forense, 2010.

BRASIL. Anuário Brasileiro de Segurança Pública 2015, p. 116. Disponível em: http://www.forumseguranca.org.br/storage/9_anuario_2015.retificado_.pdf. Acesso em: 24 de jun. 2019.

Brasil. Anuário de Segurança Pública 2018. Disponível em: http://www.forumseguranca.org.br/wp-content/uploads/2019/03/Anuario-Brasileiro-de-Seguran%C3%A7a-P%C3%BAblica-2018.pdf. Acesso em: 24/03/2019.

BRASIL. *Código Criminal do Império do Brazil*. 1830. Disponível em: http://www.planalto.gov.br/ccivil_03/leis/lim/LIM-16-12-1830.htm. Acesso em: 25 de jun de 2019.

BRASIL. *Código de Processo Penal*. 1941.

BRASIL. *Código Penal Brasileiro de 1940*. Disponível em: http://www.planalto.gov.br/ccivil_03/decreto-lei/del2848.htm. Acesso em: 25 de jun de 2019.

BRASIL. *Código Penal da República dos Estados Unidos do Brazil*. 1890. Disponível em: http://www.planalto.gov.br/ccivil_03/decreto/1851-1899/D847.htm. Acesso em: 24 de jun 2019.

BRASIL. *Código penal*. 1940.

BRASIL. Disponível em: http://www.stf.jus.br/arquivo/cms/noticiaNoticiaStf/anexo/Apdf395VotoCM.pdf. Acesso em: 01 fev. 2019.

BRASIL. Disponível em: https://g1.globo.com/distrito-federal/noticia/brasil-teve-um-estupro-coletivo-a-cada-2-horas-e-meia-em-2016-numero-cresceu-124-em-5-anos.ghtml. Acesso em: 11 de jan. 2019.

BRASIL. Disponível em: https://g1.globo.com/mundo/noticia/medo-de-estupro-faz-mulheres-deixarem-de-beber-agua-em-meio-a-calor-extremo-na-india.ghtml. Acesso em: 14 de fev. de 2019.

BRASIL. Disponível em: https://tj-sc.jusbrasil.com.br/jurisprudencia/595880724/apelacao-criminal-apr-12041320158240066-sao-lourenco-do-oeste-0001204-1320158240066?ref=serp > Acesso em: 25 de mar. 2019

BRASIL. Disponível em: https://www.bahianoticias.com.br/noticia/225346-bahia-tem-cerca-de-9-estupros-por-dia-diz-anuario-brasileiro-de-seguranca-publica.html. Acesso em: 11 de jan. de 2019.

BRASIL. Disponível em: https://www.nationalgeographicbrasil.com/fotografia/ex-escravas-sexuais-do-isis-mulheres-yazidis-recuperam-fe-e-dignidade. Acesso em: 18 de fev. 2019.

BRASIL. Disponível em: https://www.nationalgeographicbrasil.com/fotografia/2018/03/vida-das-garotas-criadas-como-meninos-no-afeganistao. Acesso em: 18 de fev. 2019.

BRASIL. Fórum de Segurança Nacional. Disponíveis em: http://www.forumseguranca.org.br/atividades/anuario/. Acesso em: 24 de jun. 2019.

BRASIL. Pesquisa Nacional de Vitimização. Instituto de Pesquisa Datafolha. Disponível em: http://www.crisp.ufmg.br/wp-content/uploads/2013/10/Sumario_SENASP_final.pdf. Acesso em: 24 de jun. de 2019, p. 13

BRAZ, Marlene. *Bioética e violência*. Bioética 2004 – Vol. 12. N°2, p. 77-98,

BROWN, Peter. *Corpo e Sociedade*: o homem, a mulher e a renúncia sexual no início do cristianismo. Rio de Janeiro: Editor Jorge Zahar, 1990.

BRUNO, Aníbal. *Direito Penal parte geral*. São Paulo: Forense, 1967. t. 3.

BUSATO, Paulo. *Direito Penal parte geral*. São Paulo: Atlas, 2013.

CÂMARA, Guilherme Costa. *Programa de política criminal orientado para a vítima de crime*. São Paulo: RT, 2008,

CANELA, Kelly Cristina. *O "Stuprum per vim" no direito romano*. São Paulo: Faculdade de Direito da Universidade de São Paulo, 2009

CHAUÍ, Marilena. *Repressão Sexual:* essa nossa (des) conhecida. São Paulo: Brasiliense, 1984, p. 32

DEL PRIORE. Mary. *A história das mulheres no Brasil*. P.19-59

DIAS, Jorge de Figueiredo. *Direito Penal*. Parte Geral. Tomo I. Questões Fundamentais a doutrina geral do crime. Coimbra: Coimbra Editora, 2012,

DIJK, Teun A. van. *Discurso e poder*. 2. ed. 3. reimp. São Paulo: Contexto, 2017.

DOLLING IN ANDRADE, Manuel da Costa. *Consentimento e acordo em Direito Penal*. Coimbra: Almeida, 1991. p. 274.

DÖLLING. Anmerkung zu OLG Zweibrüchen JR 1994, 518, *JR*, 1994, p. 520; el mismo, en GEISLER/KRETSCCHMER/SCHNEIDER (ed.), *FS-Geppert Apud* ROXIN, Claus. La polémica en torno a la heteropuesta en peligro consentida. Barcelona: InDret, 2013, p. 7 . Disponível em: http://www.indret.com/pdf/958.pdf. Acesso em: 13 jul. 2019.

DWORKING, Gerald. Paternalism: Some Second Thoughts. *In:* SARTORIUS, Roldf. *Paternalism*. Minneapolis: University of Minnesota Press, 1983, p. 103-114.

ESTEFAN, Andre. *Direito Penal parte especial*. São Paulo: Saraiva, 2017, p. 707. v. 2.

FEINBERG , Joel. *Harm to Self*. Oxford, Toronto, New York, 1986. Passim. v. 3.

FERNANDES, Antônio Scarence. *A vítima no processo penal brasileiro*. La víctima en el processo penal – Su régimen legal em Argentina, Bolivia, Brasil, Chile, Paraguay, Uruguay. Buenos Aires: Depalma, 1997. p. 126.

FRAGOSO, Heleno C. *Revista de Direito Penal*, Rio de Janeiro, Editor Borsoi, n. 2, abr./jun. 1971.

G1. Disponível em: https://g1.globo.com/mundo/noticia/medo-de-estupro-faz-mulheres-deixarem-de-beber-agua-em-meio-a-calor-extremo-na-india.ghtml. Acesso em: 14 de fev. 2019.

GARCIA, Basileu. *Instituições de Direito Penal*, p. 130.

HUNGRIA, Nelson. *Comentários ao Código Penal*. 5. ed. Belo Horizonte: Forense, 1979. v. 5.

KANT, Immanuel. *A metafísica dos costumes*. São Paulo: Edipro, 2003, p. 28.

KOLODNY, Robert. C.; MASTERS, William H.; JOHNSON, Virginia E. *Manual de medicina sexual*. Tradução de Nelson Gomes de Oliveira. São Paulo: Manole, 1982.

KOTOW, Miguel. *Participación informada em clínica e investigación biomédica*: las múltiplas facetas de la decisión y el consentimiento informado. Bogotá: Unesco, Reb Latino American y del Caribe de Bioética, 2007.

LOPES JR., Aury. *Direito Processual Penal*. 12. ed. São Paulo: Saraiva, 2015, p. 33

MACEDO. José Rivair. *A mulher na idade média*. 2. ed. São Paulo: Contexto, 1990.

MANNI, Franco. Introdução IN BOBBIO, Norberto. *Liberalismo e Democracia*. Tradução de Marco Aurélio Nogueira. São Paulo: Edipro, 2017, p. 18

MARQUES, José Frederico. *Elementos de Direito Processual Penal*. 2. ed. Campinas: Milenium, 2000. v. 1.

MARTINELLI, João Paulo Orsini. *Paternalismo Jurídico-penal: limites do Estado na liberdade individual pelo uso das normas penais*. p.85-90

MELIÁ, Cancio. Disponível em: file:///C:/Users/nat_p/AppData/Local/Packages/Microsoft.MicrosoftEdge_8wekyb3d8bbwe/TempState/Downloads/29659_cancio_melia_manuel%20(1).pdf. p. 346-65

MELLO, Sebástian Borges Albuquerque de. *O conceito material de culpabilidade*. Salvador: Juspodivm, 2010, p. 26-28.

MENDES, Soraia da Rosa. *(Re)Pensando a Criminologia*: reflexões sobre um novo paradigma desde a epistemologia feminista. Programa de Pós-graduação em Direito da Universidade de Brasília. 2012 p. 53 Disponível em: http://repositorio.unb.br/bitstream/10482/11867/1/2012_SoraiadaRosa Mendes.pdf. Acesso em: 22 de jul. 2019.

MILL, Jonh Stuart. *Sobre Liberdade*. Tradução Paulo Geiger. São Paulo: Penguin Classics Companhia das Letras, 2017.

MINAHIM, Maria Auxiliadora. *Autonomia e frustração da tutela penal*. São Paulo: Saraiva, 2015.

MURARO. Rose Meire. *A mulher no terceiro milênio:* uma história da mulher através dos tempos e suas perspectivas para o futuro. Rio de Janeiro: Rosa dos Tempos, 1992.

NASCIMENTO, Maria Filomena Dias. *Ser mulher na Idade Média*. Textos de História, 1997.

NORONHA, Edgard Magalhães. *Direito Penal*. 18. ed. São Paulo: Saraiva, 1986. v. III.

NUCCI, Guilherme de Souza. *Crimes contra a dignidade sexual*. 5. ed. Rio de Janeiro: Forense, 2014.

NUCCI, Guilherme de Souza. *Manual de processo penal e execução penal*. 12. ed. Rio de Janeiro: Forense, 2015.

REFERÊNCIAS | 161

OLIVEIRA, Alfredo Emanuel Farias de. *Os fundamentos dos direitos da personalidade*. Belo Horizonte: Arraes Editores, 2012.

PACELLI, Eugênio. *Curso de Direito Processual Penal*. 22. ed. São Paulo: Atlas, 2018. E-book.

PEDROSO, Fernando A. Ação penal condicionada, *Justitia*, v. 100, 2000.

PIEDADE JÚNIOR, Heitor. *Vitimologia*: evolução no tempo e no espaço. Rio de Janeiro: Biblioteca Jurídica Freitas Bastos, 1993.

PIERANGELI, José Henrique. *O consentimento do ofendido na Teoria do Delito*. 3. ed. São Paulo: Revistas dos Tribunais, 2001.

PORTUGAL. *Collecçaõ da Legislaçaõ antiga e moderna do Reino de Portugal*. Parte I da Legislaçaõ Antiga. Coimbra: Real imprensa da universidade, 1786, p. 52. Disponível em: file:///C:/Users/nat_p/Downloads/ordenacoes_manuelinas_volume5.pdf. Acesso em: 24 de jun. de 2019.

PRADO, Alessandra Rapacci Mascarenhas; SANTOS, Juliana Pinheiro Damasceno. A legitimidade para propositura da ação penal privada subsidiária da pública em crimes que afetam bens jurídicos coletivos. O exemplo representativo dos crimes ambientais. *Rev. de Direito Penal, Processo Penal e Constituição*, v. 3, n. 1, p. 77-96, p. 82-83.

PRADO, Luis Regis. *Curso de Direito Penal brasileiro*. 13. ed. São Paulo: Revista dos Tribunais, 2014, p. 1025

PRADO, Luiz Regis. *Bem jurídico-penal e constituição*. 6. ed. São Paulo: Revista dos Tribunais, 2013, p. 88.

PRADO, Luiz Regis. *Curso de Direito Penal brasileiro*. Parte Geral. 8. ed. São Paulo: Revista dos Tribunais, 2008. v. 1. p. 357-359.

RIBEIRO, João Ubaldo, 1941. *Viva o povo brasileiro*. Rio de Janeiro: Nova Fronteira, 1984, p. 8.

ROXIN, Claus. *A proteção de bens jurídicos como função do Direito Penal*. 2. ed. Porto Alegre: Livraria do Advogado, 2013, p. 12-13.

ROXIN, Claus. *Derecho Penal Parte general*. Tomo I. Fundamentos. la estructura de la teoria del delito. Traducion Diego-Manuel Luzón Penã, Miguel Díaz y Garcia Conlledo Javier de Vicente Remesal. Madrid: Civitas, 1997, p. 513.

ROXIN, Claus. *Funcionalismo e imputação objetiva no Direito Penal*. Tradução e introdução: Luís Greco. 3. ed. Rio de Janeiro: Renovar, 2002, p. 368;

SAFFIOTI, Heleieth. *Gênero, patriarcado e violência*. São Paulo: Fundação Perseu Abramo, 2015, p. 35.

SALIN, Sara. *Judit Butjer e a teoria Queer*. Tradução e notas Guacira Lopes Louro. Belo Horizonte: Autêntica, 2015.

SANTOS, Juarez Cirino dos. *Direito Penal parte geral*. 3. ed. Curitiba-Rio de Janeiro: ICPC-Lumen Juris, 2008, p. 271-272.

SANTOS, Natália Petersen Nascimento. *Responsabilidade penal médica em pesquisas clínicas*: um estudo sobre os reflexos da autonomia do voluntário e sua capacidade para consentir com os riscos e danos dos experimentos. Rio de Janeiro: Lumen Juris, 2019, p. 136.

SARLET, Ingo Wolfgang. *Dignidade da pessoa humana e direitos fundamentais na constituição de 1988*. 9. ed. Porto Alegre: Revista do Advogado, 2012.

SARMENTO, Daniel. Os princípios constitucionais da liberdade e autonomia privada. *In*: LEITE, George Salomão. *Dos princípios constitucionais*: considerações em torno das normas principiológicas da constituição. São Paulo: Malheiros, 2003, p. 296.

SCHÜNEMANN, Bernd. A crítica ao paternalismo jurídico-penal: um trabalho de Sísifo? *In*: SCHÜNEMANN, Bernd. *Estudos de Direito Penal, Direito Processual Penal e Filosofia do Direito*. Coordenação: Luís Greco. São Paulo: Marcial Pons, 2013, p. 91-95.

SCHÜNEMANN, Bernd. *A posição da vítima no sistema da justiça penal*: um modelo e três colunas. Estudos de direito penal, direito processual penal e filosofia do direito. Coordenação: Luís Greco. São Paulo: Marcial Pons, 2013. p. 117.

SHECAIRA, Sergio Salomão. *Criminologia*. 7. ed. São Paulo: Thomson Reuters Brasil, 2018.

SIQUEIRA, Galdino. *Tratado de Direito Penal:* parte especial. Rio de Janeiro: José Confino, 1947. t. III, 239-240.

SOARES, Oscar de Macedo. *Código Penal da Republica dos Estados Unidos do Brasil Comentado por Oscar de Macedo Soares*. Rio de Janeiro: H. Garnier Livre Editor, sem ano, p. 406.

SOARES, Ricardo Maurício Freire. *O princípio da dignidade da pessoa humana*: em busca de um direito justo. São Paulo: Saraiva, 2010, p. 135.

STRECK, Lênio Luiz. Criminologia e feminismo. *In*: CAMPOS, Carmen Hein de. *Criminologia e feminismo*. Porto Alegre: Sulina, p -81-104.

SULLEROT, Evelyne. *A mulher no trabalho:* história e sociologia. Rio de Janeiro: Expressão e Cultura, 1970, p. 24-25.

SUPREMO TRIBUNAL FEDERAL. Disponível em: http://www.stf.jus.br/portal/jurisprudencia/menuSumarioSumulas.asp?sumula=1586. Acesso em: 26 jun. 2019.

TOCQUEVILLE, Alexis de. *A democracia na América*. Tradução de Eduardo Brandão. São Paulo: Martins Fontes. v. II.

TOURINHO FILHO, Fernando da Costa Tourinho. *Prática de Processo Penal*. 35. ed. São Paulo: Saraiva, 2014, p. 203.

TRAVASSOS, Marcelo Zenni. *A legitimação jurídico-moral da regulação estatal a luz de uma premissa liberal-republicana*: autonomia privada, igualdade autonomia pública. Estudo de caso sobre os argumentos paternalistas. Rio de Janeiro: Renovar, 2015, p. 358-9.

VASCONSELOS, Larisse Salvador Bezerra. *Por uma percepção mais ampla da "nova" vitimologia dentro do processo penal ordinário*. Dissertação apresentada ao Programa de Pós-Graduação em Direito da Universidade Católica de Pernambuco – UNICAP, como exigência parcial para obtenção do título de Mestre em Direito. 2018.

VIANA, Eduardo. *Criminologia*. 4. ed. Salvador: Juspodivm, 2016 P. 134.